蘇偉貞

云與樵

——獵影伊比利半島

結部曲，整行伍。燎京薪，駴雷鼓。縱獵徒，赴長莽。

——《西京賦》

最終，人們可能學會多用相機……當我們懷舊，我們拍照。

——蘇珊．桑塔格〈在柏拉圖的洞穴〉

童話攝影的《柏林童年》，它不只是鳥瞰生命早已脫離的餘燼，也是輕浮的國家一霎間的留影，是某個空中飛行的人所按下的快門。

——阿多諾

不是進入回憶深處一次次遠征的《柏林童年》德國，不是最個人化之《莫斯科日記》蘇聯，不是未完成的「拱廊研究計畫」十九世紀都城巴黎，甚至不是滌除短暫「旅行印象和旅途見聞」陰影的「來自伊維薩島的故事」西班牙，以上不是，其實也都是，皆班雅明，在我不知道的當時遙遠的啟動了伊比利半島行，尤其，波爾特沃（Portbou）班雅明之途最後止於此。

同時是多年前晶片紋織的一個名字一個城市，高弟、巴塞隆納。

時間得從十年前說起，兩位五、六歲小男孩，樵、捷坐車後座，樵是孫子，捷，幼稚園好朋友，放學後我一道先接回家，捷媽下班來會合，我們北往南走敦化南路濃蔭大道，我知道路邊大樓裡有間書店，車體緩緩前駛與林間中島平行，枝葉倒映右窗像拓染，還有左窗櫛比鱗次的樓影，捷敏感害羞愛藝術，超長睫毛窄臉顯得心事重重，樵童稚熱情小男生氣，兩小孩三歲初見，樵就主動當捷的好朋友，即使分班，穿越教室去找捷的是樵。

當我們經過一幢變形金剛造型辦公大樓，指給小朋友看，隨口問有沒這輩子一定要看的建築啊？（我想去葡萄牙 Porto，最美的建築成就最美的 Livraria Lello 萊羅書店）講不來童言童語，常逾齡瞎說，逾他們的齡，不求有回應，捷卻有答案：「我想看高弟的聖家堂。在西班牙。」高弟？樵一旁以為是樂高。捷爸是建築師，這可能是父子的日常對話，可聖家堂，Sagrada Familia，神聖家族贖罪教堂！捷知道什麼是贖罪？我真的不想知道這孩子小小心事啊！但也不能沒反應：「為什麼？」捷說教堂像媽媽讀的英國童話傑克魔豆朝天空不斷長，「聖家堂就像傑克的魔豆。」樵童音暖甜：「捷，我陪你去！」車內靜下來，我彷彿聽見捷流淚的聲音，第一次懷疑真的有兒童憂鬱症。張愛玲母親重回家庭，長期生疏母愛的張愛玲聽母親講述花史，充滿「優裕的感傷」掉淚，母親對張弟弟說：「你看姊姊不是為了吃不到糖而哭的！」我放棄擠出兩句話教育樵：「你看捷，知道高弟吔！」

樵太小，巴塞隆納成為我代管的記憶與未竟之城。

當時並不知道，不久，種種因素捷搬家轉學，離開台北，倆小孩的欒樹路

線就此結束。那天，車過相連大樓如一格格鏡頭剪接而成的倆小孩童年蒙太奇。

時間走到二〇一七年十月，英語短篇小說國際研討會主席 Dr. Maurice A. Lee 來信邀請：

Is there any chance that you will join us for the short story conference next year in Lisbon?.....It is our 30th anniversary, and it would be great if you could come to this one. Let me know.

你能否參加明年在里斯本舉行的短篇小說研討會？……適逢本會三十周年，如果你能來，將更增添光彩。再告訴我。

會議時間二〇一八年六月二十七—三十日，轉信給學生：

如果想去，也許可以試著申請……。時間好像正好，也放假了。畢竟里斯本！

時間過去，去看高弟聖家堂，有了可能。里斯本與巴塞隆納伊比利半島東西雙城，兩個星球撞上了。更正好，二〇一八樵升高中暑假空檔。欒樹路線，十年過去了。捷去了聖家堂嗎？

眾學生很快回信，在我，文青語言：

是羅曼史該有的場景、感覺就算完全沒梗還是想硬生一個出來、太吸引人了啦！不考慮，立馬買機票……

甩出文青二字，當然賴香吟〈文青之死〉的聯想，實在傳神：

如今文青當然不是個乾淨字，消費流行與裝腔作態使它討人厭，……回收此字，……是想理一理文青這個字曾經乾淨的成分。

所以，我也回收。這些年來，生活在台南，周圍有那麼幾個熱心傳送非主流影展、文創書店、出版、演講、景點、餐廳、購物……學生私訊者，仍用賴香吟的句子形容他們：文青充電站。因此，之後提到的文青隊、文青團、文青充電站皆指他們。為什麼里斯本行如此文青？Pascal Mercier 小說、奧古斯特電影《里斯本夜車》、溫德斯《里斯本的故事》、自我異名者佩索亞，以及多年前把雷馬克《里斯本之夜》介紹給我的不死老文青張德模……，這還用多說嗎？

而里斯本和巴塞隆納之間，還有什麼？Sevilla 西維爾和波爾特沃。

波爾特沃，班雅明在此自殺身亡，之前班雅明、漢娜．鄂蘭神與神相晤馬賽談二戰戰火由此赴美計畫，班雅明趁此託付了重要的《歷史哲學論綱》手稿，預言了「最後一見」，生命曾經失之交臂，一如班雅明嘆波特萊爾詩：

去了！遠了！太遲了！也許永遠不可能！

因為，今後的我們，彼此都行蹤不明，

是研究生，就會愛班雅明，一如宋塔格「愛陀斯妥也夫斯基」，顧不了陀斯妥也夫斯基反猶太人，管他班雅明忒難懂。波爾特沃對文青，是蓋著貴族紋章火蠟印封的聖地，是現世班粉最可觸及最親之地。

那西維爾有什麼？上個世紀末老友作家黃碧雲抽離香港去了西班牙古城西維爾，一頭栽進佛朗明哥舞畫畫西語……全新生活系，香港、西維爾兩地書，總在路上，我其實不是那麼懂。

於是我們的伊比利半島路線圖成型：巴塞隆納↓波爾特沃↓西維爾↓里斯本（就輕放了萊羅書店），是單鏡頭捕捉捷、班雅明、黃碧雲、佩索亞、張德模或雷馬克、溫德斯……畫面之合，蒙太奇效果。獵影意義確定了。

獵影，我們既旅行又學術。會議由論文、朗讀兩大項組成。文青論文發表我朗讀，朗讀作品需譯成英文，這又出現一個不在場的彥宏，彥宏、宜欣加彥廷，成大外文碩班同窗結伴修我的課，三個人吵吵鬧鬧分分合合，彼得潘症候群。我研究室面朝外文系大樓，不時聽見對岸有動靜，臨窗抬頭，就見他們對個兒走廊爭擠位置雙手圈愛心，欒樹時刻，「人家五歲咧！」我暗笑搖頭。春夏秋冬過去，他們仨碩論跌跌撞撞，我形容：「你們的人生是一系列疊聲詞。」彼得潘們陸續通過碩士考，宜欣留下來讀博，彥廷工作，彥宏服完兵役、職場剛安定下來，傳出住院，血癌，開始醫院進進出出（哎！疊聲詞），又一次感染醫院報到，里斯本不能跟了。都說彥宏是三人中的「英腔」，感染一旦控制住，手又癢了（是文青，就永遠文青，手癢的還有四處追演講、文學獎投稿），自動請纓和宜欣一道「英譯老師〈侯鳥顧同〉"Migratory Bird Gu Tong"」，能譯多少是多少。

出發前半年，著手訂機票、旅店、車票、門票。旅館部分，里斯本以會議地點里斯本大學為核心，巴塞隆納以聖家堂為基地，西維爾，當然以黃碧雲為主，但她住哪兒啊？I P 虛擬地址早取代了真實地理。我 E-mail 相問旅館該訂何處？她給出公寓經驗，我也就此跳脫了旅館框架：

> 這間我住過，公寓房子，你人多比較划算，譬如四五個人住一間。叫 hotel murillo。在 Santa Cruz 市中心，也是舊猶太區，在大教堂附近。六月底七月初是淡季，價格不高，但天氣很熱，可能會有四十度攝氏。

市中心、舊猶太區、大教堂？再問下去簡直騷擾了，murillo 外，加訂 The Boutike Apartments 備用，也在老城區。最後本能地選了 Boutike。

里斯本先訂了大會合作旅館，有了公寓概念，便回過頭退了，改訂 LxRoller Premium Guesthouse。

巴塞隆納最後咬牙訂了推窗即見聖家堂的 4Seasons 四季。（是公寓啦！不是五星級四季，去了才知道，四季是多個公寓群組。）

之後是城市間移動，大的移動有巴塞隆納—西維爾、西維爾—里斯本；小移動有城市點與點、巴塞隆納—波爾特沃。

巴塞隆納到西維爾有巴士、火車、飛機，巴士費時，機場遠，便選了西班牙國鐵 Renfe 高速列車。至於西維爾到里斯本沒高速列車，長程巴士八小時還得換車，搭飛機！

最後一刻考慮杜拜轉機巴塞隆納有十小時空檔，但頂多停留四小時，簽證七十二美金！可文青團簡直瘋了，「要去要去！」便集體辦了簽證。（杜拜吔！世界最高杜拜塔、最大人工棕櫚島、穆斯林國度、金碧輝煌購物中心……，事後先見，豔陽熾烈，人在杜拜移動真的需要勇氣和體力，不逛百貨中心時間算夠用，但何必外求，機場商場根本大型現代都市微縮。）

巴塞隆納、西維爾、里斯本、杜拜四城，開放認領，台灣文青一人一城，旅店聯絡、交通規畫、景點設計……踏進城市當下，導遊工作即啟動。京珮杜拜、資婷巴塞隆納、淑萍西維爾、竺怡里斯本。（新世代的旅行在網路，出發前，網路購票他們全訂妥，我列印一切證件、地圖隨身攜帶，他們存在手機裡。）

時間到，兵分三路出發，台灣、新加坡、北京。二〇一八年六月十八日台隊八人李京珮、傅淑萍、黃資婷、岳宜欣、季竺怡、樵和樵媽大夥兒的翠娟姐桃園機場出發。新加坡李云飛六月十八日同步動身到巴塞隆納等我們（這時不得不說資本主義、現代化真好）。北京曲楠、王萍，六月二十三日啟程，直飛里斯本等會和。三十日分三波前後腳離開里斯本。

先說說云飛和曲楠，二〇一四年九月成大研究所開課，走進教室掃描一周，迎來兩雙清亮的眼神，陸生。云飛廈門大學中文系畢，成大修碩士學位；曲楠北大中文碩班交換一學期。其後，曲楠回京，二〇一五年續攻北大博班；云飛則二〇一六年申請到全額獎學金，轉戰新加坡南洋理工大學讀博。這些年兩人沒走散，曲楠離開台南到哪兒都寫寄明信片重返成大。這回，為一聚，他們到里斯本。

想像俊奇風雅三男孩，云飛、曲楠、樵和知性美麗女孩們一路同遊，那氣象，「結部曲，整行伍」，又分明文青之神楚浮的《*Jules et Jim*》（1962），影片裡糾結不清的角色 Jules、Jim、Catherine 青春一戀，多少年過去了，人們還問，為什麼片名「Jules et Jim」，不是「Catherine」？所以，一起出發但隱身的捷、彥宏及半途進場的曲楠、王萍及其他人都是 Catherine，命名 Jules et Jim，但 Catherine 才是故事的主題。先不管，伊比利半島獵影，有樣學樣：云與樵。

是《*Jules et jim*》的片頭字幕：

Tu m'as dit "je t'aime"　　你對我說：「我愛你。」

Je t'ai dit "attends"　　我告訴你：「等一下。」

J'allais dire "prends-moi" 然後我正要說：「帶我走。」
Tu m'as dit "va-t'en" 你回答：「走開。」
——Truffaut, *Jules et Jim*

Jules et jim 香港直譯：祖與占；台灣意譯：夏日之戀。祖溫和，占浪漫，一高一矮，都做著文學夢，畫外音形容他們：「《唐吉訶德》裡的主僕倆」。十七世紀初塞萬提斯寫《唐吉訶德》，反情節騎士小說，故事發生在西班牙，一個早已沒有騎士的年代，瘋迷騎士小說的貴族自封唐吉訶德，承繼古老的騎士精神，舉長矛、皮盾，拉上矮胖愚癡的農夫桑丘，主僕一驢一瘦馬穿鄉走鎮四處冒險。米蘭・昆德拉說：「塞萬提斯發明了現代小說。」從某個角度看，現代小說是從晃蕩開始的。

祖與占都愛 Catherine 凱薩琳，凱薩琳這角色迎來了新浪潮永遠的繆思珍妮・摩露，她才是電影全部的隱喻與現實。

凱薩琳叛逆神祕慧黠自由雌雄同體，情感橫征暴斂，和祖、占初識於希臘石雕展，二男平行移轉凱薩琳旅行、寫作、遊蕩、戲耍，快樂是一種極度純粹。

凱薩琳的愛亦雌雄同體，她嫁祖，占是未完成的一半，反之亦然，命名祖與占，會不會意指兩人合體才是全部？也有人說，真正的主角是祖，愛凱薩琳像信仰，即使凱薩琳外遇：「她跳上男人的床，就像跳下塞納河一樣。」

是的，跳下塞納河。一夜三人劇院出來行至塞納河畔，祖和占熱辯戲中女主角，祖引波特萊爾句子：「為什麼允許女人進教堂？她們有什麼可對上帝說的。」走在前方堤岸的凱薩琳這時回頭：「我喜歡女主角，她追求自由，創造生命的每一刻。」然後掀帽紗一抹神祕微笑俐落躍入塞納河，那姿態——我沒什麼要對上帝說。她贏了，議題消失了。

游回岸的凱薩琳全身濕透，那顆心偏向了占。祖的穩定對凱薩琳是死穴，她就像草原馬賽人，無法被圈養。這也是丹麥女作家 Isak Dinesen 自傳電影《遠離非洲》（*Out of Africa*, 1985）的主題，同樣三邊關係，女主角凱倫、丈夫布魯爾、情人丹尼斯。布魯爾為錢娶了凱倫好讓她有身分，兩人婚後移居肯亞種咖啡，布魯爾花心在外與凱倫基本分居狀態，喜歡冒險獵奇的丹尼斯反而一次次來到凱倫身邊，某日布魯爾突然出現莊園撞見丹尼斯，他對丹尼斯說：「你該問問的。」丹尼斯：「我問了，她說好。」這是對凱倫最大的恭維。

丹尼斯是男版凱薩琳，對要求他定下來的凱倫談到草原馬賽人：

他們非常特別，人們認為馴服了他們，其實沒有，如果將他們關進牢裡，他們會死，因為他們活在當下，不會想未來的事，他們無法理解會有被釋放出來的一天這種概念，他們以為要被永遠關在牢裡，所以他們選擇死亡。

回到凱薩琳，她約了心之所向的占，去晚了，占沒等。第二天，祖說，和凱薩琳要結婚了。凱薩琳，馬賽人，活在當下。一次世界大戰爆發，三人暫時分離，戰後，祖、凱薩琳邀占來萊因河畔的家。

三人又過上從前日子，全景式漫遊又封閉的小行星，置外環境，更正確說，他們的生命形式置外於世界，所有情節只關乎他們三人。（楚浮之心，這個小行星被指是法國一九一〇至三〇年代終日混跡咖啡館自由思考者顯影。）

祖是用僕人的方式愛凱薩琳，為了「不完全失去凱薩琳，願意和占和凱薩琳一起生活」；占已汲取教訓，凱薩琳不會為誰停下來，所以另交愛人嬌蓓。占來又去，當占再回河邊，凱薩琳離家跟了別人，祖說：「她最討厭別人離開，你離開太久了。」

離開以及回到，這才是凱薩琳最難面對的，像她愛的歌〈*Le Tourbillon de la vie*〉（參考 Va Leung 譯本）生命的漩渦，重複的相遇別離再相遇再別離，死亡的迴圈。

On s'est connu, on s'est reconnu

我們相遇，我們相知

On s'est perdu de vue, on s'est r'perdu d'vue　我們離別，我們失去對方
On s'est retrouvé, on s'est réchauffé　我們重逢，我們相互取暖
Puis on s'est séparé　然後，我們再分手

占終於厭倦了決定娶嬌蓓。凱薩琳得知，開車在占樓下打轉，畫外音：「像脫韁的野馬，一條鬼船。」

丹尼斯也離開，那就像一種病，凱倫逼問：「當你去狩獵旅行時，你曾和別人在一起過嗎？」丹尼斯：「如果我想要有人陪，那個人一定是你。」凱倫：「當你離開時，並不是每次都去狩獵旅行是嗎？」丹尼斯：「並不是。」凱倫：「你只是想離開。」

只是想離開。人人都有成為旅人的可能。

一直要到最後，祖、凱薩琳、占戲院再遇，青春初啟之地，三人孩子似地互丟紙團，什麼事都沒的那樣乾淨清潔，散場相約喝下午茶，凱薩琳駕車淡定

問占：「你來嗎？」那樣的凱薩琳！占不疑有他歡快跳上車，凱薩琳又一抹神祕微笑無懼地朝塞納河斷橋衝去，鬼船。祖河邊目睹，記憶倒帶，幾個閃回鏡頭，凱薩琳那姿勢一如跳塞納河。

而凱倫，大火燒毀咖啡園，她失去所有，淨空身家準備回丹麥，最後夜晚，獨坐空蕩蕩屋內晚餐，就著木箱聆聽丹尼斯送的唱盤留聲機密紋蟲膠唱片放送莫札特，丹尼斯來了：「妳把我毀了，知道嗎？」凱倫：「我毀了什麼？」丹尼斯：「獨處的習慣。」丹尼斯相約開飛機送凱倫，凱倫輕鬆反問：「你沒有要去哪裡嗎？」有的，丹尼斯處理些事再回來。這次他永遠沒回來，他駕的經典虎蛾雙翼飛機在草原墜毀。

說了離開與回到的故事，才好說我們的伊比利半島。

結部曲，整行伍。出發囉！六月十八日端午節。桃園機場阿聯酋航空櫃檯仨窄臉長身棕眼西語交談父子，簡單手提包，白或淡粉紅襯衫搭米或藍長褲肩綁米灰薄喀什米爾毛衣，閒適貴族氣，搭機穿這樣？我們面面相覷，哎！要比，只有我們十五歲半的樵！樵爸機場送行，見我垮垮帆布側背包，「這是邀請西葡扒手來扒？」我指西語仨：「人家不也這樣！」

我先進關，等在集合通道，卻迎來二十年沒見笑瞇瞇一張臉，中尉時陸軍總部一處老長官黃家瑾夫人，我們都稱玲姐，她參團去里斯本。處長癌症住院我們去看，玲姐每天把處長清整得頭臉乾淨，武人的尊嚴，她哄處長：「我們是將軍噢！」處長過世後，獨生子出國讀書留在了國外，她也頭臉乾淨，自在過活，兒子不婚，她從未有意見，就是那句：「我們是將軍噢！」好樣的！真好的出發徵兆。進了阿聯酋全球載客量最高A380雙層空中巴士機腹，和玲姐再度回到失聯狀況。

桃園機場出發囉！

晚十一點三十五分飛機升空，九小時後夜間四點十五分抵杜拜，我們不趕去哪裡，押隊走最後轉進洗手間取出機上送的過夜包漱洗一番，出來，旅客走光了。廊道邊，阿聯酋航空兩百萬杯五種口味免費冰淇淋餐飲車，半夜咧！管他，人手一杯漫遊，好容易依指示進到巨無霸升降電梯，一時以為飛機還未降落。泛光大理石地板，空曠到有回音，突然覺得自己像 A I 機械人。終於，來到出境海關，櫃檯裡，長及腳踝對襟開坎度拉（kandoura）白袍白頭巾箍黑頭巾繩、黑袍黑披肩包頭飄逸優雅男女性海關人員，這真是一個黑白國度！出到大廳，我們後無來者穿過長排光亮營業中咖啡餐車、商店、兌幣櫃檯……拱廊街，哪像半夜？

地鐵黎明五點半發車，可五點半我們要去哪兒？幸好這天不是周五回教禮拜日，那得等早上十點才發車，頑強的信仰。於是待機出境大廳，就賴在 COSTA 義式連鎖咖啡廳。原訂第一個行程是六點二十五分去哈里發塔，京珮規畫是這樣的：

06：25分搭地鐵紅線，由Airport Terminal 3（紅線第十三站）去哈里發塔Dubai Mall站（紅二十五）搭十二站，約三十分鐘（06：55）。捷運站與哈里發塔距離約一公里，空調行人天橋連接，單程約三十分鐘（07：25）。哈里發塔大門照相二十分鐘（07：45），趕回Dubai Mall站三十分鐘（08：15）。

咖啡廳坐定，生理時差，大家立刻說不去哈里發塔了（我們看過曾經全球第一的台北一〇一），修正路線：

7：00出機場，搭機場站紅線十三到紅線三十二站Mall of the Emirates，出地鐵，叫Uber去帆船酒店（此段四十四分鐘＋Uber六分鐘）

8：10到帆船酒店

9：00由帆船酒店叫Uber，返紅三十二站Mall of the Emirates，在紅線十九Khalld Bin 轉綠線，在綠線二十四站 Al Ghubaiba 站下（約四十五分鐘+Uber 六分鐘）

10：00出綠線二十四站往渡船搭Bur Dubai 車站，坐Diera old souk A1路線約三分鐘，出去即香料市集

10：30逛香料市集，舊市區

12：00 由綠線二十三站 Al Ras 在綠線二十 UNION 站轉紅線到十三到機場第三航站（約三十分）

七點的杜拜，真箇光天化日啊！周一地鐵車腹裡，一般上班族，（到底誰在上班啊？杜拜國民福利不是好到爆？）車體外放眼所及建築物及少量長不大的桉樹、椰棗樹、棕櫚樹、灌木樹叢還有公路上跑著法拉利賓利保時捷 BMW

賓士勞斯萊斯蘭博基尼Land Rover，一律覆滿灰撲撲沙塵。

　　這裡的陽光毫無陽光感，更像火網，我們是人體小電爐，隨時可能自燃。自燃之恐懼在乘坐渡船往舊市區時達到頂點，那種曬，完全超越人的經驗，短短三分鐘航程，我盯著伸出船棚罩著圍巾的膝頭想它什麼時候會烤熟，氣候報表那天最高攝氏43℃，體感溫度肯定超過50℃。地熱氤氳塵沙蔽天，舊城區白、土色阿拉伯傳統建築就這麼在眼前出土了（原來《不可能的任務4》裡沙塵暴排山倒海追襲，湯姆克魯斯拚命競跑的畫面真的有），下了船，打起精神穿走台北萬華老街般黃金、衣飾、香料市集，殺時間也殺價砍半天，暫時我們是不打算離開建築體，加減買了粗製

清晨抵達杜拜，準備出機場！

迷迭香、百里香、檸檬馬鞭草、西藏番紅花，忘了西班牙是香料王國，其他人買網紅駱駝奶手工皂。

劈頭劈腦的熱，半日遊顯得好漫長，草草結束購物，這也才十點多，找傳統餐廳吃中飯吧！就近亂拐，見巷口 Kojranwala Restaurant 招牌，眾埋頭往裡衝，進門一抬眼，嘈切撓耳聲急煞車，撲面一股食物、人身混和複雜濃咖哩味，牽動了多年前西藏布達拉宮犛牛油燈、人體肉身犛牛味記憶，流動的信仰。回神定睛略掃描，迎回了全男性凝視，一張張暗沉臉容，清一色穆斯林，此店分明市井勞工聚會場，巴基斯坦餐廳。西美爾（Simmel）說，眼睛是一個獨特的社會學成就，互視，特別親密的片刻發生了。這我可不確定！西美爾還說，相對視覺，耳朵是十足

劈頭劈腦的熱，草草逛完舊市集，直衝巷口 Kojranwala 餐廳，現場看圖點菜，一概咖哩糊，得試吃才能分出什麼是什麼。

自我中心的器官，「只獲取而不給予」，我們聽到的都已經成為過去，但我感覺這過去的速度奇慢，那些臉，似曾相識？《法櫃奇兵》裡印第安那．瓊斯尋找傳說中的神器法櫃，指證法櫃準確位置的權杖徽章在老師女兒瑪莉安手上，瑪莉安是複雜的前女友，遠在尼泊爾高山開Pub，一個推軌鏡頭切進高山酒館人群，爐火暈黃，某男子與瑪莉安拚酒中，關鍵的一杯，男子仰頭欲飲不支醉倒，瑪莉安贏了！整個穆斯林男空間，眾人圍觀神情就像見到我們闖進那一刻。

我們單獨被領上二樓，沒聽懂任何語言，沒問題，現場看圖點菜，資訊不夠，上網Google。其實要讓咖哩難吃不太容易，放手去點，老麵餅、串烤香料雞牛羊肉、菠菜鷹嘴豆咖哩、綜合蔬菜沙拉、長香米、蔬菜湯，奶茶，服務生滿手臂盤碟麻利上菜，除生菜沙拉、麵飯，一概爛咖哩糊，看不出是啥，席上便老聽見問：「牛肉是哪一盤？」或者：「這盤是什麼？」每次須試吃確定：「是這盤。」歷來文青，有的不吃魚（不吃熟魚，但吃生魚片！）、牛肉（但喝湯）、蔥、木耳、香菜、葡萄柚、芹菜……，有的不吃豬鴨羊、蚵蠣、酸菜、黃瓜、韭菜、海參、花椰菜、一切內臟……，我老讓文青提醒我，下回也許來個雞全餐是中道。（可又有人不吃雞皮、內臟！）所以我常很絕望：「桌上只要有這麼兩個人，根本開不了飯。」但都不比這回令我長眼。

結帳二百四十三 AED（阿聯酋迪拉姆），不到台幣二千元，不好看但是樸素便宜好吃的咖哩食物。不喜歡歷史的樵卻對杜拜初旅好印象，人和善，還有他愛的老麵餅和咖哩。我是不會再來了。對不逛百貨公司不仰望高塔不禮拜不買二十二K金的人來說，被拒於無風無樹的阿拉伯海灣人工島帆船酒店鐵門外那刻（居然大剌剌設公車站牌供不得其門而入的遊客拍照），杜拜想像結束了。

飯後，日頭直射影子都瑟縮在腳跟，我們宵小似沿牆腳走了八百公尺到 Al Ras 地鐵站，奇怪偌大車站空蕩無人，小超商買了礦泉水，一 AED，八塊半台幣，超便宜，感覺杜拜舊市區非中產知識階級花錢之地，機場倒可以是，

1. 聯結杜拜新舊市區的渡船口。
2. 過杜拜海灣，我們是人體小電爐，隨時可能自燃。
3. 杜拜當天體感溫度 43℃，我感覺起碼 50℃。
4. 逛走台北萬華老街般杜拜香料市集，殺時間也殺價。
5. 七點的杜拜，真箇光天化日。

Dubai, Dubai, United Arab Emirates
N
39°C
34°
41°
W
E
降雨機率
0 %
氣壓
749 毫米
晴朗
風 26 公里/時
03:14 PM
S
3

4

5

三萬五千平方米購物空間，二十四小時營業。十二點，我們終於重返機場，小朋友迫不及待冰淇淋櫃報到超吃，輕忽了機場之大，往登機門走了二十五分鐘還沒影子，經過起碼大小四個超市三間巨型啤酒屋，才入座候機室，哪兒也不想去了，等十五點四十五分出發去巴塞隆納。杜拜比西班牙快兩小時，所以巴塞隆納現在十三點四十五分。我老忍不住換算時間，旅行經驗裡，從沒如此焦慮與定時定點之必須。我要去的地方是我從來沒去過的。是佩索亞的句子：「對一切新東西的敏感，經常折磨著我。只有在我曾經去過的地方，我才感到安全。」

我也是。

七小時後，二十點五十五分飛機在巴塞隆納降落。杜拜的炙熱沒散，燒喉嚨。

我們杜拜半日遊時，云飛正兼程趕路，學校提供新加坡、里斯本定點往返機票，其他里程自理，所以他符合規定一路倒貨似新加坡↓巴黎↓里斯本↓里斯本↓巴塞隆納，不在機場就在天空，十九點二十先到巴塞隆納機場不出境行李大廳等我們。見面那刻，想起周星馳《功夫》常被引用的台詞：「一支穿雲箭，千軍萬馬來相見！」永遠記得，行李大廳云飛異鄉小跑步過來：「老師、翠娟姐到了，一路可辛苦了。」都說交通便捷時代人們失去了離愁，但見面時，也還深知並不如想像的容易。這下，九個人到齊，提了行李我們向外移動，落地玻璃走道經過一處室外抽菸露台，隔空看市塵，晚上九點多，外頭天光雲影。

我們交公積金，云飛數學好腦子清楚通人情世故，他管帳。巴塞隆納行程，資婷負責。機場單程票四．六€，七十五分鐘內可轉地鐵或公車，到四季公寓

市區重回杜拜機場，迫不急待免費冰淇淋櫃報到超吃。

儘夠了。巴塞隆納交網分六區，計畫中要去的聖家堂、米拉之家、蘭布拉大道、聖卡特琳娜市場、畢卡索美術館、米羅美術館……基本都在一區。集體買一區 T-10 1 ZONA 票九．九五€，一張票卡刷十人次，進站刷。之後，就看云飛車掌似閘口放行一人刷一次。我不免眼光找樵，帽T耳機太陽眼鏡手機全副耍廢裝備一邊涼著，沒幾年前搶按搶刷各式電梯、提款機、大門、閘口的小男孩哪兒去了？

藍線 Sagrada Familia 站鑽出地下道，直達天聽聖家堂疑雲重重似凝視我們，夜空下，怎麼看立面高塔都像燕子銜泥築巢永劫回歸，魔豆樹冠眾巨無霸懸吊機百多年沒從高頂卸下，像在等誰告訴他們：「好了，上帝說可以收工了。」沒人告訴他們了，使者高弟一九二六年六月七日從聖家堂到附近教堂做禮拜，電車撞倒昏迷，周身像不修邊幅流浪漢，可恥的沒被認出延誤了醫治，瞎了眼的凡夫俗子。六月十日上帝收回了他。高弟歸葬聖家堂聖母聖衣禮拜堂地下墓室，事實上高弟一九二五年先一步像遲早會來此似的先住進了教堂工地。墓誌銘上的文句：

henceforward the ashes of so great a man await the resurrection of the dead.

此後這偉大之人的骨灰等待耶穌的復活

此之前，是未來與現在皆被懸置的剩餘時間，等待著彌賽亞來臨。因此，建築委員會宣布二〇二六年高弟逝世一百年聖家堂主體將完成，全部完工要到二〇三二年。真的嗎？

一八七八年高弟拿到建築師執照，當時的校長羅傑特（Elias Rogent）說：「我們不知道把執照頒給了天才還是瘋子？讓時間來告訴我們吧！」

有些事，時間也沒有答案。唯一知道，明天將覲見高弟。

訂的兩間公寓分處聖家堂西愛犬公園東北、西南對角，超過十點入住，多收三十 €。東北四季公寓六樓其實七樓加蓋，進門樓角勉強擠出空間改裝一人電梯，這間公寓三房住五人，寓主是對八十多歲高齡夫婦，絮絮叨叨不准超住，不准辦 party，大家再三保證仍愁容滿面，彼此猜疑聽懂了沒？西南四季公寓住我和云飛、樵、娟姐，兩房，云與樵一間，監護者媽媽、奶奶一間。房東中年女子，約好等在東北四季領我們去西南公寓，繞行公園，周邊樓層不少仍垂掛二〇一七年十月加泰隆尼亞獨立公投黃紅條星旗。辦妥入住，問起哪裡吃？不遠的高弟大道貴但有情調。可現在有些晚了。

公寓有寬敞陽台，女兒矮牆桌椅餐具橘黃系，party 就辦這裡囉！終於，近夜晚十二點，兩屋人馬聚集，就近一樓 Seven Days 餐廳，西班牙第一餐開飯。老面孔老形式，不算晚的晚餐，一時有些恍神，眾舉杯，汽水啤酒葡萄酒，文青們言笑晏晏：「敬老師。」我仍然怕把他們弄丟了，其實很清楚，是他們怕把我弄丟了。白天喧鬧觀光客散去，未來聖家堂最高點耶穌塔 Torre de Jesús 一七二．五公尺仰望穹蒼瑩瑩發光，像神為世人留的一盞燈。我覺得這樣很好。

旅行是為什麼？班雅明形容波特萊爾喜歡孤獨，「但他喜歡的是稠人廣座

1. 巴塞隆納第一餐，Seven Days 餐廳，近夜晚十二點。
2. 住宿公寓寬敞的陽台，我們在這擺桌晚餐。

中的孤獨」。一如貝都因人坐著移動，馬背上靜止的移動，游牧。

夾在兩四季公寓的愛犬公園，看似不大卻很迷宮，有兩次地鐵站出來想抄近路，東北角對準西南角，自認走的對角線，可不信邪的都出到同一邊，高弟說：「直線屬於人類，曲線屬於上帝。」這公園，是上帝路線啊！

明天，不，今天，我們是每日聖家堂一萬兩千名信徒其中一名。

但丁的句子，「因此我們前來，再次仰望星辰」，是真朝聖，早上九點十五分，我們心甘情願以凡人的身分進場。達利對自己是否瘋子，曾說「我同人類的唯一區別，在於我是瘋子；我與瘋子的唯一區別，在於我沒瘋。」高弟的區別在具體化看不見的拋物線：「只有瘋子才會試圖描繪世界上不存在的東西！」到此一遊，你真的「看見」瘋狂。

對於非瘋子我們來說，進到聖家堂顯得太激動，能用的詞語真的不多，參觀動線——東側誕生立面進，西側受難立面出。約好會合時間就地解散。我先繞大殿一周，停駐在受難立面地下層神聖基督禮拜堂透光上來氣窗處，聖家堂的創建者 Josep Maria Bocabella 埋葬於禮拜堂，不是周日，但有台彌撒安靜進行，看不見的彌撒。初中念的德光女中即聖家會創辦，天主教儀式不陌生但也就是個他者，可這一刻，聖家堂內所有人皆天主教徒。當彌撒信友們開始往祭台領聖體，我移位到後殿主祭壇座椅區，二〇一〇年羅馬天主教宗本篤十六世冊封神聖家族贖罪教堂為神聖家族宗座聖殿，祛罪，便有了祭壇上方宗座華蓋，七邊形華蓋懸滿葡萄玻璃之上是銅質麥穗，象徵聖餐，再升高，有一條看不見的懸鏈線或拋物線向上，演示翻轉懸鏈拱、拋物拱結構，順著拱狀線抬頭，便可見穹頂倒映鏡像效果，光照由拱頂紛然灑落如星辰，多漂亮的曲線！高弟建築的幾何祕密。什麼是懸鏈拱？是我們都讀過的虎克定律 Hooke's law 的虎克說的：「一條懸著的軟鏈，向上翻轉後的形狀，就組成了拱的各個小片段。」聖家堂有十八座高塔，便是翻轉的十八條懸鏈拱頂，依序為十二門徒、瑪利亞、四福音書作者馬太、約翰、馬可、保羅，最高耶穌主塔，一七二．五公尺。

1. 每天，聖家堂倒影在東北四季公寓夢裡。
2. 清晨東北四季公寓望出去的聖家聖。

3. 神聖家族宗座聖殿宗座華蓋，再升高，光照由拱頂紛然灑落如星辰。
4. 地下禮拜堂與受難立面角落，懸掛使徒信仰。

還有其他小片段，像是後殿通往地下禮拜堂樓梯口與受難立面的角落清水石壁懸掛數塊鐵板，字體大小不一書寫使徒信仰，角落置長條椅，人在椅上靜坐，彩繪玻璃窗折射靈光流動，像溫暖的手掌撫慰著你，受洗是這種感覺嗎？

I believe in God, the father almighty, creator of heaven and earth. I believe in Jesus Christ, his only Son, our Lord

I believe in the Holy Spirit, the Holy Catholic Church, the communion of saints, the forgiveness of sins, the resurrection of the body, and the life everlasting. Amen.

我信唯一的天主，全能的聖父，天地萬物，無論有形無形，都是祂所創造的。我信唯一的主，耶穌基督，天主的獨生子。

我信唯一、至聖、至公、從宗徒傳下來的教會。我承認赦罪的聖洗，只有一個。我期待死人的復活，及來世的生命，阿門。

以及榮耀立面未完工厚扇門面五十種語言鐫刻：賜給我們今天所需的飲食。（是正體字噢！）呈顯聖體聖事，聖餐。（從進入中殿所見不離聖餐啊！高弟的主，有美食家成分。）中間十字架上浮雕加泰隆尼亞語主禱文，倒數第五行把手置文 QUECAIGUEM，金色字體 A I G 壓在中線，正是安東尼．高弟名字縮寫。真神。

同樣突出的金色字體在受難立面門扉福音書崁進 JESUS 單字及密碼板，JESUS 原本的金色被旅客祈聖摸到閃閃生光。樵在福音書門板 JESUS 金體字前照了相。他說，以後應該還會再來。

魔豆樹多年後長成了神聖家族生命樹。

每天，聖家堂早晚倒影在高弟公園池面、東北四季公寓玻璃窗上，古老的城市，真的有幽靈在遊蕩，古巴攝影師阿貝拉爾多（Abelardo）「相機房間」A Camera in a Room 攝影術，運用針孔原理先將窗外景象引入室內，再以寬幅相機拍外部倒影在於室內畫面，結合後的影像虛實正反對比交錯，如城市的幽

1. 聖家堂內部全景。
2. 樵在福音書門板前照了相，實現了多年前的童言童語。
3. 進入聖家堂容易太過激動，先角落靜坐會兒是不錯的選擇。

上：聖家堂內神聖基督禮拜堂彌撒。

左：榮耀正面十字浮雕主禱文，高弟名字縮寫 AIG 壓在中線。

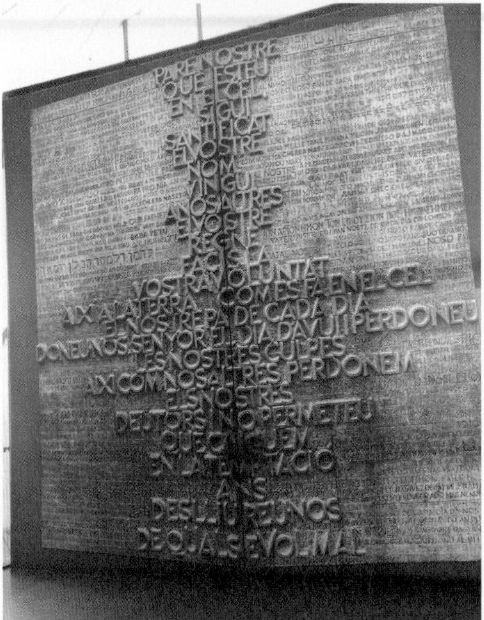

靈。東北四季房間，引進神聖，拍到什麼了嗎？

出了聖家堂，下午行程人文藝術到底（到了里斯本樵終於哀叫受不了這種文青之旅），文青們貪心的想把老城區巴塞隆納主教座堂、聖卡特琳娜市場、畢卡索美術館、米拉之家、奎爾公園……一網打盡。

中餐早便決定開在聖卡特琳娜市場 Mercat de Santa Caterina。

一再被提醒西葡扒手藝高人膽大，還真的沒上車就人人自危，藍線搭一站 Verdaguer 轉黃線去 Jaumel 站，黃線是幹線，人多分兩車廂，匆忙進了車廂門邊站，眼力巡曳支援，一年輕男子擺明衝我來的擠過層層人群欺身靠近，宜欣不顧面子遠遠喊：「老師，妳還好嗎？」云飛、資婷過來甚至手橫過我胸前做足保護姿態，年輕男子不動如山微笑放電，身體忽遠忽近，我動彈不得只剩頭可稍仰抱緊我的肩包，不像怕扒像怕被吃豆腐，幸好 Jaumel 站到，鬆口氣步出月台，男子車上衝我笑，車門闔上駛離，一低頭，嘿！我掛在領口的雷朋太陽眼鏡不見了！男子臉孔車窗閃過，簡直電影畫面。這眼鏡跟著我十多年啊！

（同樣被扒的曲楠、王萍，兩人先抵里斯本等我們，正碰上世界盃轉播，癱患了整座城市，兩人錯覺扒手集團停工下城區漫遊，一回神，驚覺王萍背包拉鍊大開，整個錢包被端鍋，現金全在包裡，幸好護照沒丟，幸好王萍英國學的管理，問題很容易就解決了。傳說中的雙牙扒手真的有。）出地鐵，哥德區巷弄也名列巴塞隆納十大景點呢！定了方向，漫步國王廣場、老皇宮城牆，穿小巷打嘆息橋下過，那些建築體沉靜完整到像歲月標本。然後一出巷子，巴塞隆納主教座堂，正統、傳奇、大派，可才剛領受聖家堂，哥德式主教座堂顯得有些「老派」，反而廣場前舊貨市集令人驚豔，再約好時間集合，各自淘寶。市集以日常藝品、首飾為主，首飾多半十九世紀，品相不俗，價位也是，細逛得半天，有一攤禮品專賣，擺列大量黑膠唱片，古典現代都有，樵爸手機視訊隔海隔時區下手，不在場者跨半個地球展示最強臨場感，市集唯一他有購物。

廣場上烈日灼身，街頭藝人各霸地盤，女藝人三點式大耳環古銅色肌膚電吉他彈唱西語風、矮身小丑移動間吹出變形七彩巨大泡泡……，看著都熱！我們穿越廣場，Google Maps 導航朝與主教座堂對稱軸聖卡特琳娜市場前進，停在哥德區、波恩中線萊埃塔娜大街蛋形圓環等紅燈，相對論似一九二六年羅馬式老建築五星級旅館 Grand Hotel Central 佇立兩區邊界，彷彿提醒：不是所有的建築都是哥德式喲！

而圓環這頭！莫非定律永遠有反轉機會，知名的 Òptica Universitària 眼鏡行不正在前方，簡潔透光整牆面雷朋專區，簡直神諭，當然吸引我啊！免稅，被扒的經典飛官款八十五 €，抵台灣價兩副，店家表示單筆九十 € 還可退稅，加清潔液，九十二 €，結算下來三千二百台幣，真療癒啊！架上零時差「失而復得」雷朋往聖卡特琳娜市場去。

要我說，文青團基本菜市場緣，某日和資婷、淑萍、竺怡逛台南百年東菜市，鳳梨酥、紅茶、熟肉、餅鋪、文創風台式海鮮粥、壽司……來到三十款以上泡菜攤，光韓式就三種，老闆登高四腳凳大聲公吆喝收攤了試吃免驚，只見大娘阿媽阿姨沒在客氣滿地試吃牙籤，老闆俯瞰文青團蕩近，狠準猛點名資婷：「哇！水查某！結婚沒？」可惜兒子才國中，不然非娶這水某，臉書單身的資婷被吃豆腐笑得很樂：「原來我的婚姻市場在菜市場。」哪來半點創傷。

遊聖卡特琳娜市場，原為朝聖「流動大地的拓印者」天才建築師米拉雷斯（Miralles），事前並不知鄰近蘭布拉大道、主教座堂、畢卡索美術館，沒想到它們連線。（只是也為從容在聖卡特琳娜吃中餐刪了奎爾公園。）

聖卡特琳娜市場基地由四層建築痕跡敷衍而成，第一層是一座四世紀的墓地，第二層是十二世紀聖卡特琳娜教堂和修道院廢墟，第三層是一八四五年開幕的聖卡特琳娜市場，第四層是西班牙傳統工匠藝術彩色拼貼瓷磚波浪形屋頂，六十七種顏色、三十二萬五千片彩色六角瓷磚，色彩殊異擬仿季節水果蔬食，且高低傾斜，像蔬果垂落水果籃外。一九九七年米拉雷斯競圖拿下，可惜二〇〇五年完工時米拉雷斯已因腦癌逝於千禧年。加泰隆尼亞的美麗與哀愁。

從市場一樓 Cuines Santa Caterina 餐廳穿過，去的時間晚了，各式 Tapas 攤大半都收了，只見新鮮果汁、橄欖、起司、伊比利火腿、醃漬品、炸物捲、傳統菜牛肉 Picadillo 餡料……正待收攤，即便如此，仍可觀，我們打散各自選標地快步往深處繞一圈，但聽眾人行過火腿起司醃漬物水果海鮮攤位……不斷驚呼：哇！哇！哇！等回過頭，之前還有的 Tapas 也收了。哎！

收攤在即，攤主仍從容不拉客，自覺做一份很高貴的工作，是真的，市場裡流動著一種老歲月感，可不是，京珮國小女生放學路上買零食般手握視覺系花束包裝一捲啥？乾起司片混搭伊比利火腿片，三 €，單口易吃也耐吃極了，京珮公主風唯美嗜鮮好奇，譬如帶西班牙燉飯鍋回台。花束包裝攤還賣各色糕餅糖果，女文青最愛，我獨鍾各式橄欖，一口氣選五種，醃漬物不易壞，卻是一路擺脫不掉的吃到里斯本。（食傷，伊比利半島回來大半年才恢復橄欖心）

最後大夥停在六月水果攤前，杏桃、櫻桃、覆盆子、草莓、西瓜、草莓、油桃、哈密瓜、藍莓、酪梨、萊姆、橘子、紅石榴、無花果、蘋果……這才意識到眼前「後」大航海時代物質文化地理學，十六世紀西班牙冒險家弗朗西斯科一手滅亡古印加帝國，如今來訪者，古文明僅存的中國後裔。

該開飯了，就近 Cuines Santa Caterina 用餐，餐廳內部整面原木酒架牆說明了餐酒性，室內室外邊界半露天高腳椅吧檯，連著冷菜 Tapas 櫃，往裡是有原生態風格的座位區帶獨立吧檯。我們九人臨門坐，不時見獨自進來用餐者隨手帶報紙，點餐後，自在安靜飲紅酒或啤酒讀報，吧檯區三兩客人亦慢食慢飲悠閒輕聲聊天，沒有人滑手機。

先點喝的，果汁、啤酒外，我要了瓶西班牙釀造 Alma 白葡萄酒，之前台北固定買酒的酒莊老闆特推，不冒險了，就點這款。料理部分，每日 Tapa 一款五 €，要了五種，非每日款油燜朝鮮薊四．五 €、加利西亞風味章魚 Tapa 中最貴十二 €、fried whitebait 炸銀魚五．五 €；湯品二，赤豆蔬菜、牛肉湯；主食四樣，海鮮、蝦、火腿燉飯及鮮菇櫛瓜白汁麵；主菜西班牙蒜蝦，茄汁牛肉丸。聞名的瀕臨絕種的地中海藍鰭鮪魚已不在菜單上，一九二一年海明威在西班牙西北部維戈港（Vigo）首次見此海中近乎完美巡游者，讚其是「魚中之王」，因海明威，此魚文學化；美國魚類生態作家葛林伯格則稱鮪魚為「無國

1. 聖卡特琳娜市場西班牙傳統工匠藝術拼貼磁磚的波浪形屋頂。
2. 各種水果讓文青們意識到眼前大航海時代物質文化地理學。
3. 聖卡特琳娜市場餐廳 Tapas 專櫃。
4. 聖卡特琳娜市場橄欖家族。

聖卡特琳娜市場後小巷，可通往畢卡索美術館。

籍之魚」，社會學。

飯後繞市場背面小巷往畢卡索美術館，現址是畢卡索出生地、十歲前的居所，館展以畢卡索九歲到青少年時期創作為主，我們買了十七點票，成人十二€。西班牙藝術、公共空間學生優惠，因此學生證連同身分證最好隨身帶。等待進館空檔，移步巷內街頭工匠手作飾品小攤，戒指、手環、項鍊，十五—五十€區間，價位款式皆合文青團，每人一件。進了美術館，仍就地解散，畢卡索畫作大家並不陌生，求的是臨場感，兩個小時後出口集合。美術館分期動線清楚，素描、油畫、版畫、陶藝品快覽如複習，然後暫停在畢卡索九歲繪的《身穿黃衣的騎馬小鬥牛士》，黃衣小鬥牛士騎小瘦馬佇磚紅柵欄前，懸浮身後的觀眾目光四望完全無視小騎士，十足童趣又超寫實；接著移位立體時期前幾幅未變形自畫像，此曾在，這讓我放心。七點出美術館，不知怎麼大夥兒有些怏怏然，畢卡索與米羅，我們偏向了畢卡索，真是艱難的選擇！

天色尚青，但計畫中的高弟米拉之家在聖家堂、主教座堂、聖卡特琳娜市場、畢卡索之後，感覺超載，今天就不去了。返程往地鐵 Jaumel 站走，畢竟青年，一查 ZARA 就在主教座堂邊，巴塞隆納主要設計師品牌集中地，文青團躍躍欲試，又就地解散各逛各，這間 ZARA 真大，壞接加泰隆尼亞廣場，廣場方向，格拉西亞大道（Passeig de Gracia）人潮高低起伏如河道，是真壯觀。買了兩件藍條上衣一條麻布傘狀裙，三千台幣。八點半集合地點資婷正跟一中年老外揮手再見，那老外是學者主動搭訕，我們都笑了：「妳的市場還真的在市場。」

回到公寓聖家堂站已九點，都累了，文青團想吃西班牙口味肯德基炸雞混搭聖卡特琳娜櫻桃、起司、橄欖，決定西南公寓露台開飯，眾人嬉哈風進去點餐，我店外候著向南望，人行道中島一溜收了的立傘、桌椅，這才知就是高弟大道，高弟大道頭尾聖家堂遙對現代主義建築大師 Domènech 華美極致聖十字聖保羅醫院！等炸雞時間足夠去瞻望，想想又放下了。

原以為這餐剛好銷掉樓下小超市買的啤酒、白葡萄酒。偏偏不知節制的我們日行起碼兩萬步，資婷紅斑性狼瘡免疫系統症復發，剛還好興奮研究肯德基網紅力推，才上樓突地關節僵直連三階露台都上不了，她說休息一下就好，看著心驚，眾人布置妥食物，懸心勉強喝了啤酒早早結束。明天怎麼辦？現在不怕弄丟他們，怕病。其實我喉嚨吞口水都痛。明天重中之重達利故鄉菲格雷斯（Figueres）達利戲劇博物館、波爾特沃班雅明，去得了嗎？資婷小聲回應，明天就會好。不知道為什麼我有點氣。靜坐兩小時，資婷漸能動，堅持回東北四季睡，云飛、樵一道陪她慢走回去，三人異鄉暗夜行旅，祖與占與凱薩琳。

這天六月二十日，時間地圖網標示：日出時間六點十八分，日落時間二十一點二十八分，日照時間足足十五時十分十四秒，排名六月第二。但夜晚二十二點多大家散時，聖家堂上方的天空其實亮著。

二十一日晨電話那頭資婷說身體完全恢復！早上八點半西南公寓四人老實沿公園外圍到東北四季，耐心等電梯吊籃般送人下來，很難記錄五位女文青早上梳妝盥洗事。總之，行了，到齊，藍線直抵火車站，買了 Renfe 高速火車九點四十五分車次，十點四十分到菲格雷斯，二十一€。候車區自助餐吧各款三明治、起司、生菜、火腿、硬軟麵包……天人交戰！巴塞隆納真會處理簡單食物！任何稍有經驗的旅者都會告訴你：火腿起士三明治必吃。

菲格雷斯 Renfe 站在近郊，出車站一看豔陽，「下令」分三車去達利戲劇博物館。網路有 po 文指 Renfe 車站和傳統火車站與達利戲劇博物館距離差不多，真去了才知道差滿遠，Google Maps 顯示走路約二十分鐘，但車程至少十分鐘，哪可能走路二十分鐘？且 Renfe 站往博物館路上幾無行道樹、騎樓，不比老火車站就在市區，穿街走巷倚傍路樹，也是鎮民日常生活，很人文的路線。其實車站與博物館距離不是問題，是選擇，Renfe 兩地車程五十五分鐘，火車要兩小時，搭哪種呢？幸而，這類選擇沒有絕對的對錯。

> 我希望我的博物館將成為一座獨一無二的超現實迷宮。所有來參觀過的人，在走出我的作品後將會有一股戲劇般的夢幻情緒環繞。——達利

十一點的達利戲劇博物館前小廣場日頭焚燒，門票和畢卡索美術館同樣十二€。一踏進館內，達利「我不需要濫用藥物，我自己就是藥物」像通關密語，那是真的，館裡一切毫不保留的告訴世人：我有多瘋。他不是一個人瘋，小廣場內金蛋人披羅馬白袍舉手向同框的加泰隆尼亞哲學家Francesc Pujols致敬，露天中庭凱迪拉克前蓋立著藝術家Ernst Fuchs胖以斯帖皇后（Queen Esther）雕像，車後輪胎堆疊成圓柱支豎藍底黃身達利《卡拉的船》（Gala's Boat）對映大幅館內畫作，大廳穹頂畫著仿米蓋朗基羅創世紀上帝將光明黑暗分開的雙手，還有瑪莉蓮夢露紅唇裝置藝術，細腿飛象，佛洛依德內化的《醒來前一秒由圍繞著石榴的蜜蜂引起的夢》、臥室裡的龍腳床、放大鏡後巨突的眼球……只能說不瘋不成活。達利的畫非常純粹，每件作品都是思考的斷面。

我們錯了，之前把菲格雷斯作為過境波爾特沃之地，專程去波爾特沃怕單調，相形之下畢卡索美術館太安靜了。畢卡索、達利對照組，也許並非偶然，是張愛玲形容達利和畢卡索的畫的句子：

> 喜歡 Dali 的畫——Arch（拱門）——遠有人走，近景亦有人，各不相關。
> Picasso 也騙人。

不知道張愛玲說的 Arch 是哪幅畫？《我的裸體妻子凝視她的身體變成樓梯、廊柱、天空和建築》（1945）嗎？妻子裸背凝視自己希臘柱廊鏤空的身體。被凝視的身體後來單獨素描《華麗的建築學》（1947）少了自我的凝視，《我的裸體》左上方的螺旋捲髮雕像移到了鏤空身體中間柱頭上。為什麼要再畫一次？雕像是誰？近景有人，達利的妻子卡拉。遠有人走，誰呢？

很難想像近五萬人的小鎮，這個世紀以來人口逆反小城鎮命運維持上升，如果沒有達利。

達利真是菲格雷斯永遠的話題。二〇一七年七月，六十一歲塔羅牌女占卜

1. 我們錯了，居然把「超現實迷宮」菲格雷斯當作過境之地。
2. 達利博物館的全達利展演。
3. 小廣場的達利雕塑作品，金蛋人向達利欣賞的加泰隆尼亞哲學家 Pujols 致敬。
4. 達利博物館露天中庭凱迪拉克車蓋上 Ernst Fuchs 的胖以斯帖皇后雕塑。

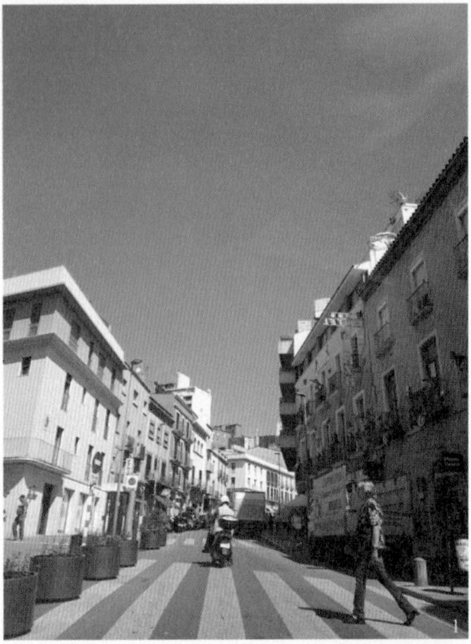

4

3

師阿貝爾（Abel）聲稱是達利私生女，向法院申請鑑定父女關係居然獲准，阿貝爾表示她母親安托妮亞一九五五年在達利鄰居家幫傭，與達利相戀，祖母在她小時候常耳提面命：「我知道妳不是我兒子的女兒，妳的生父是偉大畫家，但我依舊愛妳。」

達利和卡拉無子嗣，遺產由達利基金會與西班牙政府共管，如果阿貝爾是達利女兒，她可冠達利的姓並分得達利四億歐元遺產的四分之一。

真不懂西班牙法律，還真准了親子鑑定。達利死後葬在博物館地下室，七月二十日法官法醫組成的鑑定團開棺取達利DNA檢體，法醫稱達利招牌翹鬍子還是翹的，左右對稱「就像十點十分的時鐘指針一樣。」九月六日法院終極檢驗出爐，阿貝爾與達利沒有親子關係。

阿貝爾挺賴皮的：「就算結果是否定，我仍然是我。」廢話。可有人申請就開棺？達利吔！

富裕家庭出身，達利還是美食家，一九七三年出版自創食譜《卡拉的盛宴》

（*Les Diners de Gala*），可惜就印了一版，幸好二〇一六年重新再版，世人得以再見《卡拉的盛宴》全書一三六道食譜，鵪鶉蛋、烏龜、青蛙、龍蝦……皆入菜，達利親繪超現實插圖，哪裡只是食譜書！這樣的超現實不只是超現實，一九三九年他和超現實主義圈分道揚鑣，一貫達利語式：「我和超現實主義的最大差異，在於我是個超現實主義者。」

出館後，廣場邊藝品店挑了達利「大便泥偶」複製品，十六€。之後循館後覓食，經館內下望到的紅白陽傘露天餐廳 Lmperial Pizzeria，再往後，進了文青中意在地風餐廳 España，點菜時，才發現眾人有眼力啊！且非常清楚自己的口味！樵混在文青隊裡，毫無違和感地突圍他的「兒童」餐象限，西班牙未滿十六歲算兒童。點好蕈菇、朝鮮薊、蘆筍沙拉、及海鮮肉類主菜，個人點喝的，看著飲料單，「真可惜沒有葡萄柚汁！」竺怡說。有一晚好容易師生找出時間去調酒有名的 Pub 聚會，各點口味調酒，喝著聊著，小學生習慣又來了，「竺怡，給我喝一口」，資婷嚐了竺怡的調酒，說好喝，我們坐角落，突然資

1. 達利，菲格雷斯的國王。
2. 菲格雷斯火車月台，很有台灣小鎮風。

3. 達利筆下裸女造形反覆出現畫內。
4. 1973 年達利出版自創食譜《卡拉的盛宴》，親繪超現實插圖，這樣的畫作，豈只是超現實！

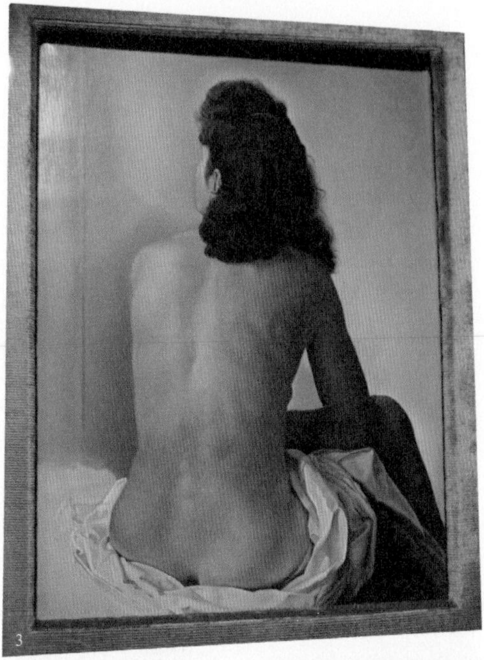
3

4

婷大顆眼淚直流說不出話全身僵直，是笠怡酒中的葡萄柚，免疫系統對葡萄柚過敏，自己沒點，也沒聽 Bartender 介紹調酒內容，當機立斷叫救護車，淑萍抱她出去的，橫過一溜屏息吧檯男，直面迎來 Bartender 異樣的眼光，Pub 大概不會再讓我們進門了。那天下半場待在醫院急診室，資婷學生身分，醫院得通報學校。（半夜帶學生去喝酒！什麼老師啊！學校怎麼說啊！家長怎麼看啊！幸好那天有年輕優秀老師敏逸一道。）

所以昨天資婷又僵了，這會兒見她沒事，怎能不消費一下，淑萍：「那天真的好創傷！」畫面亦超現實。（都是因為達利嗎？超現實日？）在場者七嘴八舌喚生記憶，人人成課堂上杜威《記憶的隱喻》裡「有記憶的鏡子」，室內淑萍掠過吧檯定格，室外救護車鳴笛聲回響的古都暗夜，這樣的視覺感知雖清楚的切割了內外空間，但就像置身暗箱的盲人，無法將景象倒映在水晶體內壁，Pub 幽微，我們於是看不見，但是記得。而無法靠視覺的，笛卡爾的暗箱理論靠觸覺，如盲人的枴杖，用手看，而班雅明靠漫遊，七拐八彎接上波爾特沃。杯子就是我們的枴杖。

不知道為什麼，昨晚和今天，去波爾特沃一再時延，對班雅明信仰的原鄉情怯？再不出發，回巴塞隆納就太晚了。用完餐，依路牌指示順利走到市區火車站，買票進站過地下道穿出月台，乍見一落落少男少女，哪兒冒出來的？有背包客有穿校服喧鬧調情的在地學生，很像台灣暑假時的小鎮火車站。火車出菲格雷斯近景掠過高原山地農舍、石砌廢墟、遠景是零星傾圮的城堡和數大羊群，突然浮起二〇一七年庇里牛斯山區二百零九隻綿羊集體跳崖而死新聞，是這種羊嗎？九分鐘後車體滑進 Vilajuïga 站，下去了一批學生。之後火車便切向地中海布拉瓦海岸，下一站 Llança 六分鐘，岩壁、礁石、半規管海灣，遠近旅店、停泊船隻，藍、土色系，畢卡索的畫，又六分鐘到 Colera，抱擁另一個月形海港，下去了其他旅人，這節車廂除了我們沒有誰要去波爾特沃。四分鐘後，火車駛進漢娜・鄂蘭〈最後的歐洲人〉稱的波港站。可能因為邊界，有多條調度軌道，比想像中大站。步出車廂見票口在對面，穿地下道上去，車站上方拱廊覆罩。資本主義拱廊街出現，班雅明發明了漫遊者，他說，在城市裡需要一個回身的餘地。一八五二年的巴黎導覽圖這樣寫道：

拱廊街是工業奢侈的新發明。它們的頂端用玻璃鑲嵌，地面鋪著大理石，是連接一群群建築物的通道。……燈光從上面照射下來。所以，這樣的拱廊街堪稱是一座城市，更確切地說，是一個世界的縮圖。

真在Portbou了，大夥兒亢奮、感觸複雜地在站牌下迎向靈光合照。那一瞬，二〇一八年六月二十一日下午三點整，有照為證。班雅明形容靈光：

遙遠之物的獨一顯現，雖遠，仍如近在眼前。靜歇在夏日正午，延個地平線那方山的弧線，或順著投影在觀者身上的一節樹枝，這就是在呼吸那遠山、那樹枝的「靈光」。

原本有三黑男子並坐月台木椅，腳邊躺著行李該在候車，我們嗟呼照相驚嘆，三人起身左右張望遲疑，幾分鐘後出現在鐵軌對面，之後又回到這邊月台，文青團找洗手間取景合照忙活著，不久男子們不見了。月台真是容易消失之地。

巴塞隆納到波港傳統火車其實最方便，每九十分鐘發車，車程兩小時，單程二十€。巴士一天只一班，得從菲格雷斯轉車。我們停留過程，完全沒有火車經過。Renfe不穿越邊界到法國嗎？或者不走這路線？由這裡火車十分鐘便可進入法國邊境第一站塞爾貝爾市。現在過邊界如此容易，難怪也有流亡經歷的俄裔學者博伊姆追跡班雅明到波港另有所感：

去波爾特沃，車過安靜的小站。

邊界不一定是分割的標記，邊界也是相遇的地點。

對班雅明，西班牙曾經是他流亡的起點。一九三二年四月，班雅明乘貨輪從德國漢堡出發，十一天後抵巴塞隆納，再換船往地中海西部伊維薩島。九月六日他給好友肖勒姆信：

我整天都在寫，有時夜裡也還在寫。可是，如果聽到這裡，你想像是一部大部頭手稿的話，那你錯了。那不僅是薄薄的，而且還是一小段一小段的：一方面由於我的作品物質上受到威脅的麻煩特點，另一方面考慮到它們的市場適用性，讓我一再地使用這個形式。當然，在現有的條件下，我覺得內容上這種形式也是必要的。簡而言之，那是一系列的筆記，我將給它們取名《1900年前後的柏林童年》。

原來是這樣，後世班粉讀《柏林童年》、《單行道》，小段小段如碎片文字，一方面感到作者詩意的思考，卻也疑惑書寫的難以歸類，並不知，班雅明在考慮市場適用及「作品物質上受到威脅的麻煩特點」。（這啥意思啊？）

班雅明的形象，他少數照片裡有張拍於一九二七年，那雙總是藏在圓形鏡片後的睛睛，蘇珊·宋塔格形容「柔軟的白日夢似的凝望」，稱得上是俊美的，但三〇年代後期，中年班雅明「矇矇矓矓」，年輕俊美不復見了，宋塔格：「他的臉變大了」，人老，原來是「臉變大了」。然後一九三八年夏，班雅明丹麥訪布萊希特，宋塔格詮釋照片中的他「惡狠狠地瞪著鏡頭」，是個四十六歲的老人了。老人？後來知道了，班雅明進入了他的晚期風格。想到台北辦理登機櫃檯遊龍驚鳳西班牙少年、還有畢卡索十五歲自畫像。

《柏林童年》是給歲月的情書，阿多諾以「童話攝影」形容，是「某個空中飛行的人按下的快門」。空中飛行，說的真好，但班雅明日常俗世能力，顯然沉重笨拙，西班牙之旅一開始看似尋常輕快移動，卻很快演變為無止盡的流

BAR SPORT

2

3

1. 出波爾特沃車站的陡直長階梯，有種時光隧道之感。
2. 波爾特沃塗鴉牆。
3. 我們的 Portbou 初旅，班雅明的終程。

亡。直到真正的死亡來到終結了流亡歲月。那天一九四〇年九月二十六日，班雅明顯然飛不動了，翻越庇里牛斯山時，甚至屈侮地「四肢著地爬行」。

出口沒人驗票，售票處也關著，無處詢問回程火車班次購票開放時間，一座空站啊！沒事，大廳屏幕上滾動顯示班車資訊。一路所見，感覺西班牙大航海期後另一波交通路線建構地鐵完成便離現代性停留在ＡＩ外場人文時代，如此懷舊原本應該很合拍班雅明，可能庇里牛斯山腳形成一個月牙海灣狹窄腹地，限制了班雅明飛行。

沒有櫥窗！……這裡的街道空空蕩蕩，毫無用處。——波特萊爾

出站口即陡直長階梯，梯下路兩邊商家只有賣咖啡啤酒小店開著，幾間二手衣飾店很有看頭，其中一個櫥窗散置鑲圓形綠松石老銀戒指、方形墨藍珠貝白黃銅耳環、鍍金坐佛、景泰藍花鳥小碟、心形碎鑽吊墜、紅寶石袖扣、綠瓷

碗……曖曖透光，沉在深水海底珠寶箱，時間、神祕、沉靜。這些東西怎麼會在這裡出現呢？門玻璃貼張西語布告，文青Google一查，休店避暑出門找貨，九月底再開，幾家店皆如此，放著櫥窗展示店家真出門了嗎？波港總面積九平方公里，官方統計二〇一八年人口二〇七七人，大暑的此時此刻呢？露天餐廳騎樓日常生活男人們眼神空望，我們靜聲走過，感覺這小城對人不好奇。波港生活範圍顯然呈十字形分布，車站在十字頭，直線走五百公尺到底連著一道上行石階，階底藍白路標依牆豎立，分別寫Portbou，Memorial W. Benjamin。背景牆加泰隆尼亞獨派社會主義紅星旗中的黃三角圖案塗鴉：We see everything。與班雅明時代，已有不同的追求。

> 逝者的亡靈在最後一次降神會中姍姍來遲，就像夜的信徒。——班雅明

西班牙也是班雅明流亡的終途。那天，二戰期間一九四〇年九月二十五

1.&2. 班粉朝聖團。

3

4

5

3. 一如漢娜．鄂蘭所願，班雅明紀念碑面向地中海灣，並修建在山上。

4.&5. 德國藝術家 Karavan 設計班雅明紀念碑命名 Passages，意指通道，為班雅明打造出海之路。

日。班雅明四肢著地好容易抵波港，在此等入境經巴塞隆納往里斯本搭船赴美。當晚邊境緊急關閉，班雅明清醒的在晚上十點吞服大量嗎啡自殺身亡。根據波港官方紀錄，班雅明死亡正式日期：一九四〇年九月二十六日。

漢娜・鄂蘭已為他辦好美國簽證，在那兒等他。一九四〇年九月二十五日晚發生的一切，據和他同行的古爾蘭德夫人給丈夫信：

> 晚上我們到達波港，前往憲兵隊請求幫我們蓋入境章。……我們全都沒有國籍，對方告訴我們，前幾天頒布了一條法令，禁止沒有國籍的人穿越西班牙。……班雅明叫我過去。他告訴我，他晚上十點服用了大量嗎啡，……交給我一封寫給我和阿多諾的信……然後他就昏了過去。……我不得不叫來醫生，……第二天上午才開出死亡證書。……我買了一塊墳地，使用期五年。

歐洲最黑暗的時期，班雅明乖舛的一生，就像他筆下的「駝背小人」，被「喜歡惡作劇的傢伙」捉弄，無論去哪裡，無論做什麼，皆注定空手而回。漢娜・鄂蘭認為「駝背小人」是班雅明的自我隱喻：

他彷彿受到驚人的詛咒，不斷地走背運，就像一個準確無誤的夢遊者，笨拙的選擇一再把他推向險情四伏的境地。

夢遊者，多貼切，指出了班雅明時態及他多倒楣，漢娜・鄂蘭的說法近似對不知道的神的指控：

如果他能早一天到達邊境，他可以輕鬆通過，因為西班牙當局還承認法國領事館的緊急簽證；如果他再晚到一天，馬賽的美國官員會在得知難民無法通過西班牙時施以援手，總之，災難不巧偏偏在那一天才可能發生。

醒不過來的自己的夢外之悲：「這種情況是在告訴我，我已無處可逃，所以只能選擇結束。在這個庇里牛斯山的小村落裡，沒有人認識我，而我的生命即將在這裡畫上句點。」

是的，他還說：我無法前行，看不到出路……

班雅明死後數月，漢娜．鄂蘭就到了波港山頂天主教墓園，尋找班雅明的墓龕。「找不到，哪裡也沒有他的名字。」形容班雅明可能的埋葬點：「公墓面向小海灣，直接朝著地中海；它修建在山上，成梯田狀；棺材也被推進這種石坡裡。這絕對是我一生中見過的最優美最漂亮的地方之一。」

四年後，墓園一角居然「發明」了班雅明名字的墳。肖勒姆說：這座孤零零的、徹底孤立於真正的墳場的墓是護墓人的一個發明，他們這樣做可以多次從打聽者那裡得到小費。……不錯，這地點很漂亮，這座墳是後人偽造的。

順著石階便可上行到山頂，這千人小鎮，豔陽下，家家戶戶門戶深鎖，沒有其他方式只能一步步走向班雅明，終於來到漢娜．鄂蘭指的墓園（啊，我們

漢娜．鄂蘭曾到波港天主教墓園尋找班雅明的墓龕，我們循著她當年的路徑而去。

跟隨的是漢娜・鄂蘭的腳步呢！還有博伊姆），以及依傍墓園建的紀念碑。

一九九四年德國藝術家卡拉萬（Karavan）設計的紀念碑山頂落成，卡拉萬稱為Passages，意指通道，地下道設計紀念碑出口突出石子路面，粗糲鏽蝕鋼板結構，階梯朝海下行，共八十七級，第八十五級鑲嵌一片透明玻璃斷面，出口近在咫尺卻可望不可及，博伊姆一九九五年接踵而至，形容那是「一個虛幻的美麗的屏風」。八十五級透明「墓碑」上，法、英、德等五種語言勒寫班雅明名句：「紀念無名者比紀念知名者更困難。歷史的構建是獻給對無名者的記憶。」

那樣的通道，博伊姆說：這是班雅明喜歡的比喻。

樸素紀念碑，牽動世人情感，俯視海灣遙望庇里牛斯山脈更遠的天空細節，除了海面湛藍，其他如時間靜止歷史黑白照，大家拖長在這裡停留時間一如時延到此，直到我們在玻璃斷面討論、合照，中年女子操不明腔調英語，忽對我們厲聲指責：「我們到你們的廟會照相說話嗎？你們到西方墓園紀念碑應該尊重西方的文化。」模糊的邏輯，淑萍靠近，簡單說明我們在談玻璃面引文中譯，沒有不敬之意。讓出階梯，我們撤到崖邊結果實矮柏樹下，兩女子是現場唯一的他人，我們到不久她們就來了，紀念碑、墓園轉悠著，彼此交談也笑，及至來到紀念碑，才知我們是不一樣的東西方，這時樵說的最直覺：「她們應該是想單獨參觀。」文青團有人附和：「東方主義。」隧道效應，兩人階道上頻頻互拍互聊，音箱共振放大聲量傳上來。

原本慚愧噤聲的我們，這才相視一笑。其實錯身時聽她們講法語，當下已經淡化她們的指責了。一九二五年巴黎著名的歌劇院拱廊街被拆毀，超現實主義作家阿拉貢以歌劇院拱廊街為背景寫成小說《巴黎的鄉下人》，時在巴黎的班雅明感於現代性象徵快速成為古代廢墟，生出「拱廊研究計畫」，就為拱廊計畫，此刻我們甘心讓道。這引起了未來高中生樵的好奇，說出我一輩子也沒想到會冒自他嘴裡的句式：「班雅明有什麼書？回去可以找給我看嗎？」大哥大姊紛紛貢獻私人心得，「一定先看《柏林童年》」，也有全景式《單行道》、

《說故事的人》、《迎向靈光消逝的年代》建議，甚至《巴黎，十九世紀的首都》，咦？沒人甩書《德國悲劇的起源》，那就太過了。

之後，樵和手機那端同儕簡訊、電話，不時聽見波爾特沃、班雅明（之前是高弟）。我對文青大哥大姊笑說：「樵終於入列可能台灣少數知道班雅明的國中生之一。」聖家堂、班雅明紀念碑並列樵此行第一，意料之外想像之中。

樵坐對玻璃面班雅明名句碑文：「……歷史的構建是獻給對無名者的記憶……」

班雅明臨終前寫了不少訣別信，肖勒姆、猶太作家弗朗茨及之前所愛尤拉，可以做到那層次，到底是什麼內在？

你知道我曾經深深愛過你。即使在準備死去的時候，生命擁有的最大饋贈多於痛苦時你給予它的，因此這聲問候應該夠了。

歸程另條山路下到海灣堤防，海灣第一排路名Passeig，西語：通道，餐廳、旅館精華地段，吃飯、住宿，停車需另付費，真地以稀為貴。我們就什麼不做的像班雅明喜觀的《新天使》背向未來那樣背向一切，默契地立堤防邊靜靜望著地中海藍。

回過身，走海灣步道成蔭老梧桐樹陣去車站，兩旁梳子狀巷弄裡是民宅，會不會小城八成人口都住這裡啊？港邊一間Masia旅館，榕樹主幹由屋頂穿出華蓋覆披庭院及不大的二層小樓，自然適性，過了炎夏，來這兒住幾天，買綠松石戒指、墨藍珠貝耳環，看紀念碑，會不會太文青？梧桐樹邊有間超市，大隊人馬湧進買水、冰品，又暫坐樹下休息，視界其實望不遠，不知為什麼，並不覺得阻隔。沒人叫，不久卻動作一致緩緩起身往車站走，對沒有任何現代化景點的波港，我們離開的腳步非常遲滯，果然，沒走幾步見一小型露天市場，大夥兒又慢了下來。無紀念品可帶，可不想空手離開，我居然在成衣店買了條灰藍裙子二十€，西班牙製，歐洲型號，帶回台南，花八十元修改。加上 ZARA 收穫，此行竟成了我的購衣之旅。

晚六點，火車重回菲格雷斯火車站，其實這班火車終點巴塞隆納，之前不明狀況為縮短一小時車程，我們選搭高速 Renfe 六點半班車返巴塞隆納，市區巴士站六點十分有車發 Renfe 站，趕了去，資訊落差，班次早取消了，眾人分乘計程車奔向 Renfe 站，雖趕到，但六點半已沒票，只好搭七點三十分班車。多出的候車時間，眾人倒也閒適自在，樵三進車站小店買同款火腿起司三明治，單純好吃。Renfe 站紅土草原圍繞，像早期的后里。終於驗票進月台，卻不見火車進站，亦無廣播通報，眾人席地靜等如旅行經驗豐富的背包客，車晚點四十分鐘，回到公寓已經晚十點多。

漫長的一天。波爾特沃之路果然難測。布萊希特詩悼班雅明：「最終面臨不可通過的邊界／人們說／你通過的邊界是可通過的。」明明可通過，偏不可通過。

就這樣，我們錯過了世足賽西班牙一：○贏了伊朗，下午五點開踢到結束，我們在路上。愛犬公園邊 Pub，觀世足賽轉播人潮已散，竟有荒涼感。還錯過黃碧雲六月十五日 email 介紹的 Can Cullerets：

在巴塞市中心遊客區 la Ramblas 附近一條小街，我去過兩次的餐廳，不貴，很古老，電視也介紹，很好吃，可以試。人會多，早一點去，平日午餐時間二時以後，之前去到應該有位。星期日或一休息。去之前查一下。

其實，是不懂西班牙節奏，說來波港搭火車直抵巴塞隆納最單純，避開進出站時間、行車不確定性因素，不會比高速火車費時。折騰的一天，兩四季各

1

2

1. 班雅明紀念碑旁兩株沉默的榕樹。
2. 波爾特沃對望地中海。
3. 堤防邊靜靜的庇里牛斯山脈、地中海藍。
4. 云與樵，倆班粉，在波港。

自附近小館用晚餐。

明天（二十二日），我們搭早九點 Renfe 往西維爾。

這班車又是個周折。之前一直盯緊 Renfe 官網，說是六十天前公布班表提供訂票，何時公告？老旅行人網路上說：「沒有標準答案。」就常刷網吧！果然刷到五月初才開放訂票，聽聞 Renfe 的刷卡認證脾性不穩，不是每張信用卡都能過，備妥數張，就看 KI 手淑萍好整以暇進入系統，旁邊圍幾個眼明手快協助，還真有點難度，好半天才完成（之前杜拜簽證也分兩天才申請完成），含稅每張八六．四五 €（約台幣三千一百元），印出票，傻了，十一點四十五分到馬德里，換車，十二點就出發往西維爾。十五分鐘在西班牙最大、語言不通車站換車？這張票比能換票的便宜三十五 €，不能退，我們很確定要搭這個時段，因此當 KI 手問：「訂了喲！」十足信任：「訂吧！」

email 求助碧雲：

訂了六月二十二日早上九點從巴塞隆納出發的火車，至 Sevilla 下午二點三十二分，票兩段式行程，車廂也不同，依你經驗，我們需要換車嗎？拖著一行九人，真有點不安。

碧雲回信：

……著同學小心背包，不要揹著背上，要跟身，中國人是高危目標，中國遊客有錢，小偷很多。

出門自是焦慮，我很多經驗，一個人也很簡單，一樣會焦慮，無法睡。一次自己在里斯本，眼皮不停跳，回到西班牙的家就沒事，原來是焦慮，但明明城市我去過幾次，沒什麼狀況，不過見到小偷。

帶著學生，更是吃重。我與人出去旅行，差不多次次吵架，所以也不敢了，自己吧，辛苦一點，但情感上又輕鬆些。……如叔本華說的，「被命運拖行。」

巴塞，西維爾，里斯本，都是美麗又時間悠長的城市。內戰時期，巴塞滿街死屍。你可以推薦學生看 George Orwell 的 *Homage to Barcelona*，有中文譯本的，記他參加國際軍在巴塞的日子，他受了傷，回到英國。另外英國導演 Ken Loach 也有部電影叫《*Land and Freedom*》，也是拍西班牙內戰。另 Orson Welles 拍了一部沒有拍完的唐吉訶德，當中有六十年代西維爾的風貌。當然布紐爾的電影都好看。

里斯本又是另一風景。我去過 Pessoa 的故居。薩拉馬高也有幾本小說講里斯本。里斯本市中心的 Fnac 書店，有不少英譯的葡萄牙文學，很齊，可以去看。其他地方不容易有這麼齊全的英譯葡語文學書。

值得去的。

碧雲沒正面回覆，才想起，之前她回答過了，她有個好習慣，信件會標主題，二〇一八年五月二日信，主題火車─巴塞：

從巴塞可以坐快車來，五小時半，早上八時半的車，下午二時便到。這樣我們便有一個下午晚上。

Renfe的網頁有英文。可以網上先購票。買八時半的，可以改，約一百二十歐元。九時的，不能改，八十五歐元。十一時的，下午四時半到。不能改。九十三歐元。省卻去機場的時間。巴塞上車在sants，地鐵可以到。我可以到車站接你們。車站離市中心即酒店或我家，計程車十分鐘。巴士也到，很方便，十分鐘至十五分鐘。

是在知道碧雲二十三日離開西維爾返港，才大幅修改行程，卻偏偏忘了她的提醒。原先行程規畫先赴里斯本研討會，六月三十日結束回程走西維爾─巴塞隆納─杜拜─台北。此行看似若無其事，其實一切趨從她。二〇一八年一月三十日她的信：

我讓自己，隨心所欲。

從里斯本到西維爾，最方便是坐巴士，在 Sete Rio 買的票，中間要在 Faro 轉車，七個半小時，一天兩班車，一早一晚，最好先買票。也有人到時才買。車票也很便宜，七十歐元左右。

住的地方，我找找幾個網站，你們幾多人？幾天？

西維爾的景點很集中。大教堂，西班牙廣場。你什麼時候去？我忘了。

我留到六月二十三日，已買機票。

吃的地方多，也便宜，紅酒又便宜又好。昨晚一夜沒睡，今天頭劇痛。

無言，簡單回應：

會上網訂住宿。若與你小城失之交臂，很可惜。一直想有天去西維爾看你。

她信中的「幾多人？」港式語體，多少人。碧雲是文體家，《烈佬傳》混和廣東路與書面語的文體，是她獨有。而「什麼時候去？」發言位置不把自己放在西維爾。

什麼時候去呢？忘了說過沒？一定說過，不重要。想像跟她在西維爾見面，一直時間錯落。

我們也錯過了鬥牛，加泰隆尼亞區二〇一一年禁令鬥牛，二〇一六年十月西班牙憲法法庭判加泰隆尼亞鬥牛違憲，指「保留文化遺產」是各地區的責任，加泰隆尼亞反議決，「鬥牛向來就不屬於加泰隆尼亞文化的一部分」。還是沒得看。西維爾下一場鬥牛在二十五日，我們當天離開，看不了。這種錯過，說說而已。

真正的大失手是沒做足 George Orwell、Ken Loach、Orson Welles、布紐爾

的功課，可惜了碧雲給的西班牙層層疊疊背景。別的不說，光布紐爾和達利共同創作的《安達魯之犬》（*Un Chien Andalou*, 1928），二十一分鐘的默片，由幾組看似不相干的短劇拼貼推動，在在挑逗觀眾的驚懼觀影心理，譬如月亮滑過雲層男子想像一把利刃割開女子眼球、「十六年前」字幕後男主角的年輕前身撥弄斷手四周充滿好奇人們、樓上下望的男主角回視自己手心鑽爬螞蟻類比女主角腋毛與圍觀的群眾叢生……。早年看這部影片就認為最可怕的畫面不是以上，而是輕快倫巴配樂，字幕打出 Huir rans après 八年後，修女打扮短頭巾、披肩、雙層裙輕快騎單車滑行街道背影，一個正反拍鏡頭，哇！分明是男主角。還有最後上字幕 au printemps 在春天，海邊男女主角半身深埋沙堆，一仰視一低頭，神情呆滯，無止盡的崩潰。

這最後的象徵是有所本的，Mark Cousins《電影的故事》裡說一九二六年達利和布紐爾花了三天時間談自我夢想和無意識慾望，然後，隨意寫下劇本，「描述一對夫妻破鏡重圓的過程」，這才是原初情節。

事情沒完，二〇一一年伍迪．艾倫《午夜巴黎》裡讓他的現代男主角吉爾時光夾縫回到一九二〇年代巴黎，愛上了畢卡索的情人安卓亞娜，隔代時空該怎麼戀？吉爾跟達利、布紐爾商量，他們是超現實主義者，對他來自二〇一〇年代的事根本認為再合理不過了，布紐爾反問吉爾：「為什麼逃不出去？」（為什麼逃不出去？這也是我和碧雲時不時的對話，有時她問我，有時我問她。不是問話的問話。）

《安達魯之犬》歷來公認難懂，布紐爾自己也說，「它攻擊觀眾……」布紐爾和達利聯合聲明：「這部電影裡，沒有任何一件事具有任何象徵意義。」

為什麼逃不出去？看來不是那麼沒有意義。

二十二日一早公寓主人來辦理退房，再三提醒我們離開前清掃房間，人離開後我才發現她悄悄放了張一百二十九€刷我信用卡清潔費收據，兩邊住宿費之前公寓都請款了，抵達後城市稅、過晚上十點Check-in服務費、清潔費、第一天入住時也付了現金，還有訂金，一切兩清不是?!

云飛大罵：「一天都沒來清潔，好意思！公然偷錢。」真的，我們屋子收拾得一塵不染，垃圾帶下去丟，一切歸位。怎麼算的一百二十九€？但搭車在即，聯絡不上。問東北四季，並沒有收。

感覺這城市人不怎麼笑，二〇一七年超過三千萬名觀光客，過度觀光，排擠了市民生活空間，通過的獨立又被沒收，大概真笑不出來。

再度來到巴塞隆納車站，已有入口驗票經驗，順利上了車。

轉車十五分鐘能發生什麼事？一如彌賽亞最終時間來到之前，「消失的十五分鐘」只能是懸念與焦慮。原來歐洲火車和飛機閘門一樣，臨發車前，才會顯示哪個月台登車，可這不是常態列車嗎？為什麼不固定月台？也許歐盟跨境複雜不是我們能想像。

西維爾行程淑萍負責，她的備注欄：「印車票轉乘注意！月台六—七號對面」幾號月台是網路經驗談，網上有不少討論，大部分抱怨行車不透明，也有輕描淡寫車到馬德里，火車頭會有人在月台舉牌導引轉乘旅客。舉牌？這樣人工化，很難想像因此半信半疑。

另請教了文化部駐西班牙代表處文化組李祕書，「一群人拖著行李，雖然是同車站換月台，恐怕是很趕的。」他建議：

到馬德里站前早點準備（拿好行李，站在車門旁），車門一開就下車；同時也先跟車上服務人員告知情況，詢問換乘班車月台資訊，以節省時間。

所以，車到馬德里阿托查火車站，我隊最早離車，我們坐六車廂，云飛下車就往火車頭奔，果真有淺藍上衣鐵灰長褲繫皮帶帥帥國鐵女性員工手拿A3紙牌上寫Sevilla，英語問西語回最後是手語，猜想是叫我們站她後頭。我隊聽話集合，咦，其他乘客蹓出車廂三兩慢步靠近，擁有大把時間似的，且從容跟藍制服西語對話後微笑站一旁。馬德里車站真大，多條黃、藍、灰磚月台依序傍軌道兩邊並不隨之延伸出去，巴爾札克的話：像一段段色彩斑爛的長詩。

月台內紅色升降梯，人們上下在其間走動、車體腳下交錯，如共振良好的音箱，動靜之間和諧安靜。頂篷透明玻璃一逕拱廊街形制，光照打下，既室內也室外，既公共驛站又私人通道，建築色調沉穩，無一絲豪華顯擺味。班雅明形容，拱廊街是資本主義展示自身的博物館。這樣的博物館，含括生活史。

時間慢慢流逝，帥帥女老神在在，沒太多表情，終於開步移動，除我們還有五、六人，先升降梯到上層天橋，橫向移植，過兩條軌道，搭電梯往下層月台，這時，帥帥女手勢比劃，快跑，車要開了，還有：先上車廂再說。真的，我隊七車，還沒入座，車緩緩開駛。簡直不敢相信，如此大站，如此人工作業？怎麼想的？全無邏輯，我嘟噥：「西班牙出瘋子、藝術家，但這國家不出哲學家？」碧雲也說，西班牙歷史公認不少平庸的思想家。

火車一路南駛在卡斯提亞高原往安達盧西亞平原奔去，高原地勢開闊地平線推向遠方，看來土壤並不肥沃，黃土上植遍橄欖樹葡萄架，啊！伊比利豬！會走路的橄欖樹，我們來了。這樣的黃土連天，聖卡特琳娜市場裡的蔬果哪裡

1. 馬德里國鐵月台果真有帥帥女性員工導引。
2. 西維爾火車站有台南火車站風。

種的啊？高草上一朵一叢灰綠針草北非蘆葦，編草鞋的好材料。

兩個半小時後，西維爾到了。西維爾雖說是安達盧西亞首府、佛朗明哥及鬥牛的發源地，且是西班牙第四大城，火車站居然有點老台南火車站風，是同樣豔陽、含蓄灰紅挑高建築體產生了錯覺？西維爾市區人口約七十萬，二〇一〇年台南升格直轄市前也是台灣第四大城市，人口約七十八萬。還真像。

火車站不大旅客不多，一行人很快出了大廳。如碧雲所說，過馬路就有公車站。西維爾主要景點主教座堂、王宮、黃金塔、西班牙廣場、西維爾大學、佛朗明哥劇場，嗯，還有鬥牛場、訂的 Boutike，都在這塊碧雲說的舊猶太區，她也住此區，所以人們的熱門景點，是她每日生活場，對比她住的另一個城市香港，人們去到香港主要如多年前流行的廣告詞「吃東西、買東西、吃東西、買東西」，香港同是過度旅遊之城，差別在人們不會去那裡找生活，但會到西維爾找。二〇一六年全球旅遊媒體 Skift 首創「過度旅遊」一詞，且註冊了商標，Skift 定義過度旅遊：讓當地居民生活受到負面影響，被迫改變生活方式。我們會是過度旅遊者影響碧雲生活?好像也來不及了。

穿過馬路,淑萍一馬當先察看班次路線,多認真的導遊。烈日當空,果然國境之南,比巴塞隆納溫度高多了,玻璃候車亭幾無遮陽功能,後來發現根本沒人像我們這麼認真防曬,因此我很想說集體搭公車不會比九人分乘三輛計程車划算,公車一人一.四€,計程車平日七點-二十一點起步價三.四三€,每公里〇.八七€(假日、晚上價位均不同),此程二公里,加上行李,不出十€,每人平均三.五€,但想想讓他們作主吧!我類感冒喉嚨痛咳濃痰鼻塞,省點力。

沿途好納悶西維爾街道街容細窄狹仄少花樹,或者我們剛好錯過四至六月初絢麗盛開的紫色複瓣藍花楹季,但偶遇小公園菩提、雀榕、小型灌木叢、龍血樹,或廣場、教堂中庭、巷弄角落苦橘樹,郊寒島瘦枝葉間懸吊燈泡大小金黃果實,倒不乏曲徑通幽古意。少大樹,也突出這城市的老建築主體,全世界最大木建築都市陽傘就違逆普世公共建築多植樹概念於鬧區橫空出世,周圍淨空，傳達核心訴求：本建築為城市遮日不是別的。

炎炎日頭，我們過了站，下車往回走，行李拖在下午強光三點鵝卵石人行道，就是個顛與簸。（這時候曲楠北京時間約晚上十點，他們快出發了，二十三日大清早六點四十五分飛機）午休時間，城市例行空寂，經過冰淇淋店（這城市冰淇淋店特多）、鞋店（這城市鞋店特多，佛朗明哥有關？）、咖啡甜點店（這城市甜點店特多）、餐廳（是的，這城市餐廳更多），恐怕還沒摸清楚為什麼？就得離開，所以，就經過唄！

也胡亂聯結下午三點還沒結束的午餐和不嚴謹的轉車邏輯之間相關性，一九四〇年佛朗哥將軍為了示好納粹，將西班牙時區調前一個小時，把應採格林威治標準時間（GMT）改採歐洲中部時間（CET），以與德國同步，從此，西班牙人一直生活在錯誤的時區裡，往前一小時意味著日升日落的時間皆較晚，加上高緯度，西班牙夏季十點才日落，人們的晚餐、睡眠時間都後延，長期缺乏睡眠，西班牙人發明了獨有的午睡時間，對時間的掌握，恐怕不非是他們所長。

終於到 Boutike 博提科公寓所在 Caller San Felipe 巷口，這亦是另一條路的巷口，西維爾不少這種地形三角洲，專供迷路似的。寓主來了，同樣事前沒弄清楚博提科公寓分置幾處，我們又分二組，San Felipe 公寓在二樓，紅磚門柱、芥茉黃牆面、黑鐵框木門，沒電梯，一房一廳可睡四人，照舊，云與樵睡客廳，我和娟姐睡臥室，這下我沒可獨霸客廳沙發。公寓沒有多餘的裝飾，白、灰、原木色系，清爽

旅店所在的小巷。

大方。冰箱裡寓主送了瓶紅酒、五百公克大塊起司，客廳帶餐區廚房有個小陽台正對樓下 Entrevarales 餐吧，落地窗望下去，露天高腳小圓桌上都有酒。之前擔心酒客聲量，都說西班牙民族熱情，接下來四天證明了，那樣的熱情並不外顯，即使二樓亦不覺喧鬧。

寓主交代完畢，另一組正要出發（那處公寓開窗就見都市陽傘、主教座堂），少頃走廊裡傳來：「碧雲老師來了。」

是啊！碧雲來了。

我迎出去，齊耳短髮，一身粉青大花白衣披同色披肩、白裙、白帆布草編鞋，手裡拿把扇子，剛寫完稿傳回香港。

我迎出去：「來了？」

「住附近啊！」啞嗓子，整天沒講話就會這樣。

毫無違和感，彷彿才見過。實是多年互訪模式的又一輪置換。這次是離開與抵達的另一發生地。不是香港、台灣。我們見面護照上加蓋了其他城市章。

趕在中餐五點結束，碧雲帶我們走雜貨店三角洲去 El Rinconcillo 吃飯，進門吧檯待餐區，屋頂鐵鎖懸垂數十隻金黃火腿林，不覺粗魯，綁著標籤的火腿看得我們張口結舌。再去，仍那感覺。侍者引上二樓，服務生都有點年紀了，點餐前先上麵包和 Picos Camperos 餅乾條，碧雲教授，麵包餅乾按人頭算，不吃先告知服務生。碧雲強調有一道菜必點，西班牙冷湯。點了牛小排、各種貝類、碳烤尖椒蘆筍，當然，當然，這店的招牌伊比利豬排，還有甜點。（午餐吔！這排場！）飯後欣賞餐廳外壁美麗複雜藍色系磁磚圖案，門口木牌標示餐廳創於一六七〇年，才發現 Michelin 認證一星！這麼容易就吃著米其林？可惜了我們趕著一個半小時用餐！這不僅成為大家米其林界限，餐廳所在 Plaza Los Terceros 巷也是我們在西維爾的邊界，由此南向瓜達幾維河中間，未來活動不離此區塊。

離開餐廳，碧雲引大家穿走小巷，我們魚貫行窄道，經 Monasterio de Santa María del Socorro 修道院，然後六點了傳來悠長遙遠鐘聲，碧雲示意我們靜聲並停步，鐘聲止息才繼續走，是一種禮儀嗎？到處可見可聞的教堂鐘聲，不是主教座堂也是其他教堂，這樣的場景在碧雲〈虛假和造作的〉裡：

我站在莉莉安娜的家門前等她。她住五樓，在西維爾的舊城區，算是高房子。……我聽到教堂的鐘聲，響了六下。六時是我上唱歌課的時候。

我時常經過大教堂。大教堂是西維爾的景點。每天都擠滿遊客。……有時非常早的時候醒過來，就會聽到教堂的鐘聲……

為什麼是西維爾？多年前她來台南看我，路上

1. 西維爾必點西班牙冷湯。
2. El Rinconcillo，西維爾第一餐。

散步，一群文青學生後頭亦步亦趨，我問問怎麼一直去西維爾，學習那麼多年佛朗明哥還不夠？她突不耐：「噯呀！老問，沒理由啊……」我其實沒問過，沉默一陣，她手肘輕碰觸：「生氣了啊！」是啊，「我是沒話找話講！」我們幾乎不交談、不問，總會知道的。她二〇〇〇年便到了西維爾：

我因為還作著作家的夢，為了推銷自己的小說，便立心不良的做了一個讀書小劇場《媚行者》……《媚行者》因為是一個腳傷的故事，所以我很想跳一點舞，……一場我在跳舞的時候，我見到一個觀眾非常沉悶而無聊的轉過臉去，……演完《媚行者》之後我去了西班牙西維爾，跳了六個月舞，……

二〇〇二年她重返西維爾：

想再做一個讀書小劇場，想做的理由比較正當，這是我的一個創作。⋯演出敲定以後，就來到西維爾再跳一下舞，希望演出能夠扎實一些⋯⋯

因緣際會買了房子，香港—西維爾兩地住，她的佛朗明哥舞史既生活常態也是一種挑釁，如此節奏強烈肢體熱情，她其實有意見：

我一直不知道為甚麼，只知道極其厭惡。⋯⋯我開始明白我的厭惡。厭惡那些激烈的姿勢，厭惡我自己。但其實我是從那個我有的參與的低劣品味競賽開始厭惡。

我問我的同學優子，為甚麼佛朗明哥舞在日本那麼流行。這樣粗糙吵鬧的舞蹈，⋯⋯她想想，又說，而且，你知道，跳佛朗明哥很容易。跳得好很難，但開始的時候很容易，還有那些裙子，那些鞋，那些花，全都是很容易的姿勢。不像跳古典芭蕾，你要跳很久很久才可以看到舞。

安靜似夢的路徑順著彎到皇親世胄 Duchess of Alba 阿爾貝女公爵故居，碧雲小述一段公爵和小情人故事，二〇一一年公爵八十五歲和小二十四歲公務員結婚，說小情人，那年也六十一歲，為得到六名子女同意（公認任性的女公爵看來還不夠任性），女公爵將所有財產分給子女，但還擊：每個孩子都離過婚。而她從未和任何一任丈夫離過婚。

阿爾貝晚年沉迷整容，年輕時風華絕代，貴族的貴族，教皇前可不下跪，能騎馬進西維爾大教堂，繼承家族及自己珍藏了無數安吉利科、哥雅、提香、雷諾瓦、夏卡爾等名畫，還有哥倫布信件，嘿！以及塞萬提斯《唐吉訶德》第一版。冥冥之中感應吧？二〇一三年四月自傳裡她最大的願望是健康，並且，活著。二〇一四年阿爾貝病逝這座 Palacio delas Dueñas 小王宮。

從沒想過碧雲可以是一個「說故事的人」。

碧雲訂了百年建築內 Cuna 2-Baco 餐廳，九點。離開 Alba 故居，距開飯還有段時間，小朋友另逛，我隨碧雲弄巷小店轉悠，有間專賣扇子，各種骨架、

1. 貴族的貴族阿爾貝女公爵故居大門。

2. & 3. 阿貝爾女公爵故居中庭及紀念品店，女公爵 2014 年病逝此小王宮。

扇面、價錢，她隨身帶的木骨架扇大眾化，一把二、三€，不時刷地一聲張開，遮陽或搧風，真有表情，「很好用」，她說，每年買十幾把，隨掉隨換，像我每年的夏季帽子。

我咳不停，興致體力都缺，走到巷底像極台南文創咖啡店，也賣茶、啤酒，挑高一樓自然光空間散置七、八張小桌，兼賣藝品，一樣辦各種人文系列演講、展覽、電影，我們進去，西方臉孔外，好熟悉的文青空間，她啤酒、我花草茶，三€。走時，果然落下扇子。終於，去到碧雲家，十幾年時間，古城充滿她移動的痕跡，此時短暫來到這裡，進入她生活史，一切此曾在的浮現她在寂靜之中閱讀習舞畫面：

> 我又回到了一個幽暗房間，我在三年前住過的。房子可以看到陽光，觸手可及，就在對屋的牆上。小街叫「雀兒街」；街角原來有一間酒吧，正已拆掉。……街好窄，西班牙很多舊城都有這麼窄的街道，只可以容一架

馬車駛過。在房子裡可以聽到街上有人走過。……樓下是一間律師行，有個光頭的律師時常在露台講流動電話。

生活在真實之中，……每天早上起來煮一杯加谷古的咖啡，擦牙，大便，收拾舞衣舞鞋毛巾去上課，在同一間報紙店買一份同樣的報紙……真實就是自明，它是最源始的，無須解釋的；真實就是「能是自己」。

問雀兒街在哪兒？回來後我比較有方向了，而她回答：

住過的地方，叫 calle pajaritos，在你學生住的地方附近，從現在我家走過去，十分鐘。

現在的這個房間，另一間遺失的「生活在真實之中」住所，她台灣版《盧麒之死》出書，我寫的類書評，給出了遙遠的回答：

多年來，我一直該懂而不懂你為何住到老遠西班牙塞維亞古城？放棄主義？在香港，你早是了。……今年六月我帶學生去里斯本研討會，終於取道塞維亞，我一到就重感冒，去看你住處，說不出話，躺你床上休息，你在客廳畫畫，我彷彿聽見炭筆沙沙作響，睡不住，你拿出三大本畫冊，我一張張翻著，然後別過臉，那線條不像筆跡，像刀痕，難怪我聽見聲音。

房子安靜到不像有人住，之前看到「在同一間報紙店買一份同樣的報紙」文句，當然不會傻到以為她對古城眷念，但真到了，這會兒我又說：「走吧。」好像「同一」、「同樣」是傳染病，碧雲沒說話，我們便趕什麼似的出了門，甚至不記得她鎖了門。走過扇子、衣服、鞋店，總得停個腳，假裝有興趣進去逛半圈就出來，東西太多太亂，經過間髮廊，沒燈，她說都在這裡剪頭髮，幾乎每次被剪壞，回香港再找熟髮型師修，重返時一定被念，好土。我把這段記在書評〈給香港青年們的遺言〉裡：

我們出門去和學生吃晚餐，穿走小巷石路，你和迎面瘦削臉溫柔男子微笑調情，是髮型師，錯身後你淡定：「他一直喜歡我。」我只是問問不必答案，「怎麼確定？」我們相視一笑。都晚上八點了，仍豔陽藍天，這麼長的白天要怎麼愛？難怪入夜人人捨不得睡地喝酒交際。繞出小巷，意外撞上嚮往的德國建築師 Jürgen 設計全球最大木建築「都市陽傘」。據說老城任何地方都看得見它。第二天，你回香港，我們停留，身分對調，我還是該懂而不懂。

離開西維爾後大半年感冒不時發作，是身體對伊比利半島行的餘波盪漾反應，寫信給碧雲：

這兩周感冒，沒什麼道理的一直咳，看中醫，換了三個醫生，還是怎麼都斷不了，很討厭。

最近比較積極想退休後何去何從。今天還發奇想，去西語系某個小城住，開始學西語，一種完全沒有根柢的語言，像小孩新鮮的開始。

但又想我是多不耐目前的生活或多不耐自己才會不斷的遙想新鮮？

今天請以軍來跟學生聊聊，晚上一起吃飯，感覺這種日子不多了。

人不舒服，志氣都沒了。

想到你一個人在異地，身體不對時，會是什麼狀態？

何時返香港？

碧雲回信，標題「單車」：

這周聖周，城裡很多遊客，住在這裡的人都走，我的朋友都離城回鄉。

這屋子也有遊客來住。昨夜將單車泊在庭園。

……我知道會有人想辦法弄走這單車。

現在就有鄰居在外面議論，誰的單車，是遊客，不能這樣做。
就是住在這裡的規範。我吸塵都給投訴，說大聲。
「生活在一個遙遠的小城」，具體內容，包括這些。包括病了不知到哪裡看醫生，言語又不通。我第一次來病了，在家裡躺了一個星期。後來知道在哪裡可以看醫生。不過是普通感冒。
他們現在在拆單車。
如果你讀過洛加的《貝納達之家》The House of Bernarda Alba，村裡的人，互相監視，互相妒忌，這也是生活中的西班牙。
沒有理想的生活。
如果眼前的還可以，已經是理想了。
他們拆走了單車。不知扔哪裡去了。
感冒之後氣管會敏感，我會起碼咳一個月。慢慢會好的。
你比我對自己更不耐煩。我倒是愛惜自己的，最起碼。不然，孤零零活在這世界，如何撐。

突然就明白她的房間為何如此安靜。西班牙式強悍接近沉默。

碧雲家出來不遠就是都市陽傘，座落圖像街（Calle Imagenis）南北向跨化身廣場巷（Plaza de la Encarnación），以此為方圓軸心，我們走來走去學院、公爵廣場、博物館、兄弟會教堂、聖母塑像小公園……，知識、文化、華麗，這小城，歷史就是生活，或者相反。順著化身廣場巷，朝向 Cuna 2- Baco，我說去買雙草編鞋吧，碧雲帶我繞道，連鎖店 Adolfo Dominguez 折扣中，沒有合適的草編鞋，買了雙灰藍麂皮芭蕾舞鞋，不久十一月我去香港，碧雲在上環歌賦街作畫，（二〇一八年這畫並沒完成，二〇一九年六月我去香港看她「6.4 三十——以詩為記」演出，離開不久，香港反送中街頭運動展開，她完成了畫，破碎感，印象派點描法，傳給我看，信主題，去年：這一幅是去年你來香港時，我在歌賦街開始畫的。畫好了，覺得沒完成，去年十一月離開香港。

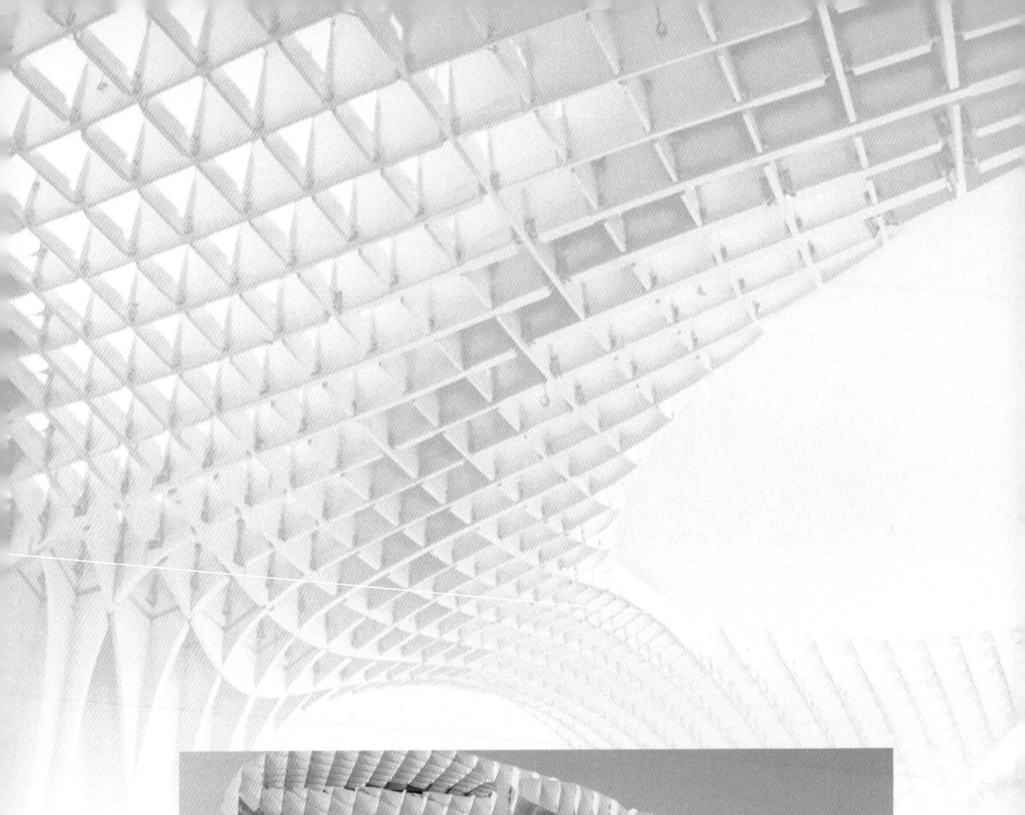

都市陽傘，六座傘狀連結構體，世界最大木建築。

黃碧雲畫作：2019 歌賦街。

畫一直在畫架上。昨天開始加色。香港跟去年不一樣，也不會我想永不會，像你見過的樣子。去年的我也不一樣。破碎是尊嚴、情感、意志、生存所依、我曾相信的，全都破滅。）我去找她，她一見我腳上鞋子：「你穿了。」是啊！也就穿過這一次。

文青們已經等在 Cuna 2-Baco，旁邊就是碧雲介紹的佛朗明哥舞文化中心紀念館（Centro Cultural Flamenco: Casa de la Memoria），不分區每人三十 €，八十五個座位分二排，早到早選，我們先買了二十三日晚六點票。

Cuna 2-Baco 比 El Rinconcillo 正式，價位也高，碧雲點菜及酒，先點了西班牙叫好叫座釀酒師 Tomas Postigo 命名的湯瑪斯特釀紅酒 Tomas Postigo Tinto 2016，她常誇西班牙酒便宜又好，是真的，為了酒，可以考慮搬來。餐後酒我點了其實平常少碰口感較甜的 Sherry 雪利酒，西維爾近郊赫雷斯城（Jerez）是雪利酒法定產區，西文發音 Jerez，轉譯英文，Sherry。莎士比亞對雪利酒情有獨鍾，《亨利四世》的名句，如果有兒子，「第一課就是教他們品嘗雪利酒」，莎翁比喻雪利酒：裝在瓶子裡的西班牙陽光。

真美的透明琥珀酒顏色，我們舉杯，眾文青：「敬碧雲老師。」知道她不習慣當「長輩」，也不喜應酬多人聚會，大夥儘量放鬆，桌子臨窗，由街道暗處望進來，恆靜的幸福，勾描著成人童話插畫，不真實，但現在碧雲是自在快樂的。就是這種感覺，微近中年因緣際會有段時期常在老師身邊侍酒，李明、張永祥、趙琦彬、瘂弦、貢敏……聽他們自我調侃人生滄桑，是如弘一大師的領悟：悲欣交集。時間使角色置換，動者恆動地來到遙遠的古城，進入典雅醇厚情誼空間，散發美好生活幻覺，真的幸福嗎？至少，如果你來到Cuna 2-Baco，紅酒燉牛膝、烤朝鮮薊、海鮮飯、青醬蛤蜊、甜點一定要試試，還有任何葡萄酒。席間，八卦、個人隱私話題淨空，文青拋出走到碩博關卡的自我取笑及理論驗證對話，資婷一貫「魂在論」，凡遇挫折怪現象皆云水逆，「該去拜媽祖」，這時她說了，寫論文就要像觀落陰，一定要親闖現場，這個現場，波爾特沃、聖家堂、西維爾。碧雲聞聲，脫口而出一句西語，什麼呢？淑萍問，碧雲興致的寫在餐巾紙上，Mi alma，我的靈魂。淑萍把 Mi alma 收進了書包。除了樵，文青們皆微醺上臉：碧雲老師可以簽書嗎？（這些年碧雲越來越排斥簽書和評審的形式主義）可此時此刻能說什麼？眾人虔敬各自取出飛行千里的她的各時期小說。我一直都知道有天會來看她，但這樣的簽書會？鐵粉啊！

是啊，不同粉，之前五月，她傳送兩幅在西維爾作的畫，我回：

明亮那張有點小學生風格。畢卡索的小學生。黯淡人物背景透視望去，好像

Cuna 2-Baco 畫一般的海鮮飯。

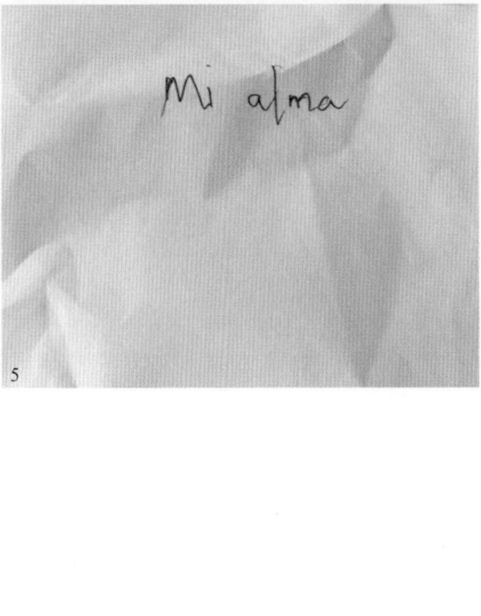

1. 西維爾買了雙灰藍麂皮芭蕾舞鞋，不久到香港，穿了去探望在上環歌賦街作畫的碧雲。
2. Tomas Postigo，叫好又叫座的西班牙葡萄酒。
3 深夜的 Cuna2-Baco 餐廳，隔壁即佛朗明哥舞文化中心紀念館。
4. 文青鐵粉們拿出千里帶來的書請碧雲「老師」簽名。
5. Mi alma，我的靈魂。碧雲寫在餐巾紙上。

隱約的火焰。都耐看。你的畫總有種未完成的感覺。

我也許成不了你小說粉絲，但可以是畫的粉絲。

能畫，應該心還活著。有天作夢，清醒的夢見問自己：「小說怎麼寫？」忘了還有寫作小說這事，忘了怎麼寫。好恐怖，覺得自己的創作，迅速死了，真實的我不知道，暗中的我，知道。

她的回信：

心死了，怎樣活？這大半年來，會心痛痛醒。不是心臟病那種劇痛，是沒有哭出來的隱痛。但慢慢少了。……

小說不寫，不會死。寫小說畢竟是很少人做的事。也不一定要走到底。但心死了呢。我想起你說在書展外喝一杯，咖啡還是甚麼，的寂靜荒涼。

但心死。必然很慢而隱密。但自己知道。我知道的。所以聽到你說，恐慌起來。

死我想不會很怕。心死是堅強嗎，智慧嗎，彼岸嗎。

我們到底在說什麼？死亡或者活著的時間還是空間？

在夢裡，創作是種隱喻，應該就是消失。德模過世後，基本上我是以「可以用寫作證明有什麼還活著」的心理過著延續的人生，南部的生活異乎尋常的和緩生氣氛圍，讓我感到其後的呼吸，而這些，我之前是不能體會不會承認的，以前忙著過日子，現在沒什麼可放棄了，才知道幸福的感覺是什麼。

所以，覺得恐怖，那條牽引的寫作線似也要消失了，終有一天，我會忘了他曾經是什麼樣子，其實現在，我也常問孫子，你還想爺爺嗎？

爺爺過世他才一歲多，根本他印象中的爺爺是我植在他腦葉中的，但有人記得他，我就放心了。而，我恐怕深知，我沒力氣了。我不喜歡自己這個人生，所以潛意識幫我做了。

表面上我總是說無所謂，因為那種慌，會過去，那才是真正的恐怖。用大半年的時間痛，多半是你知道⋯⋯愛。維持現狀吧，我們都做不了什麼。痛、瘋、畫、寫、演⋯⋯，能做什麼就順勢去做。至少能浮現，我們深層的傷。那種你畫裡的底色。

即使已過午夜，西維爾的天色如老柚木紋理，溫潤密緻，眾人在餐廳門口找好位置合影，個個臉容放光。回想起來西維爾時間，一切是柔和明燦的，有種目睹自己的黃金歲月之感，是如極品田黃。都因為，此中有人。

順著 Alfonso 街走回住處，碧雲指反向夜色較暗沉瓜達幾維河，說是西班牙境內唯一通航大河，可以去走走，黃昏的時候很美。我笑了，錯誤時區日照當空，哪來黃昏？

回到Boutike，撐不下去了，樓底我們再見，她明早飛香港，如此半天相處，很難說夠不夠。她難得管束人，卻淡淡說，「明天起別喝酒了。」是啊！我的呼吸道，著火般，每呼吸像一次撕裂燙傷，夜晚室內徬徨，一個西班牙幽靈。

碧雲地主做足全套繼續帶鐵粉夜遊，深宵才跟文青一一擁別。（文青形容，「碧雲老師很熱情」，熱情？真的跟碧雲老師沒關係，我笑了。）

碧雲馬德里轉機來簡訊，仍堅持我是過敏：

> 你敏感可好些。
> 出去的時候，小廣場都是喝咖啡的人。真是一個美麗的早晨。
> 我們都很清楚，只有一次，無論怎樣重複。

還真不行，清痰沒完沒了，怕吵人，我幾乎整夜躲在浴室，胡思亂想Pub開得不夠晚，否則可去樓下待著，但我上Pub能幹嘛？喝水？還冒出去住旅館念頭，可，這不就是旅店？旅店的旅店？碧雲已離開，我在碧雲的城市回信：

昨晚症狀加重，都以為要轉成肺炎，實在不對，半夜閱出門前拿的感冒藥袋說明，才明白，我對那藥可能排斥，上頭寫的副作用我都有。等天亮，真漫長。

一直想問你如果得看醫生該怎麼辦？

這裡真亮晃晃，只好躲在住處。你快到家了？

半夜，手機藍光閃，咚咚咚傳來簡訊，是居港也要去里斯本研討會的聞人悅閱（悅閱將出發飛里斯本，問有沒有要她帶的？大量的川貝枇杷膏，我回信。）以及仍在路上的碧雲：

看醫生比較麻煩。我去看的醫生近火車站，比較遠。我會找個網頁給你，你又語言不通。這裡是公共醫療系統，私家診所很少。

我今天也敏感發作。而且很累很累很累。我今天沒說過一句話，也不想說。

再來email，主題，到香港了：

非常非常非常的難過，可以想像的，清晰至恐怖。

今日可好？

今日不好，頭劇痛，不斷擤痰，簡直長日永晝，症狀像不發燒高原反應，難以歸類的病象，大家都出門遊西維爾王宮，手機直播再現《冰與火之歌》日戟城（Sunspear）流水花園、地下宮殿。我留守公寓，陌生的房間，「清晰至恐怖」覺得自己白天夢遊。

1. 西維爾聖母主教座堂塔樓望遠，畢竟古城，典雅豔絕，她的美就是去現代。
2. 西維爾摩爾式建築風街道。
3. 西維爾聖母主教座堂，世界最大歌德式教堂之一。

1

2

3

決心出門就近去都市陽傘，六座傘狀相連結構體，地下一層地上三層，地下層考古博物館，展示原址出土羅馬及摩爾文化遺跡與文物，我空拍似快掃一圈，再乘電梯上觀景平台，望遠與西維爾大教堂之間斜背紅瓦屋頂面向藍天錯落有序，這城市雖有碧雲嫌吵鬧粗糙的佛朗明哥舞，但其實安靜。下到一樓文物販售店，小買都市陽傘微縮紙模型和西班牙橄欖油手工皂品、唇膏。

踅回公寓，近中午的巷口，傳出談話聲，漫長午休的前奏曲開始了。陽台偷窺 Entrevarales 露天餐桌客人食物，伊比利火腿、橄欖、餅乾麵包，還有心儀的經典馬鈴薯蛋沙拉，正想下樓外帶，眾人回來了，超市買了熟食，我的沙拉沒吃成。

下午兩屋約在全球最大哥德式西維爾聖母主教座堂見，仍走路去，圖像街左切揚達洛街（Calle Jandalo）或化身廣場都可，腸道彎走，約一刻鐘便到，主教座堂緊鄰王宮，皆世界文化遺產。小城之南，劇院、鬥牛場、黃金塔、瑪莉亞露易莎公園、貴氣的宴會表演劇場 Villa Luisa、西維爾大學校本部及傳奇梅里美《卡門》菸廠女工卡門與衛兵荷西相戀的背景皇家菸廠現是學校主建築。還有西班牙廣場及阿方索十三世酒店，兩建築都為一九二九年美洲博覽會而造，阿方索十三世酒店以當時國王命名，貴族家國，排場不是一般。對五星級酒店來說，一晚四百五十€，算不算親民價？此區綠意覆蓋，原來古城老樹集中這兒。

蠻喜歡城中巷弄隨處存在的小劇場，也才明白為什麼碧雲近年的演出都選小劇場或咖啡館。

六月下旬的西維爾太陽真不是假仙，參觀者自動牆腳陰影處排成ㄇ形隊伍，不知為什麼一排隊就有種小市民感，尤其排的是教堂。主教座堂原為摩爾人建於十二世紀晚期清真寺，一二四八年費爾南多王朝改建為石材哥德式教堂，信仰混血，工程持續到二十世紀上葉才完成，保存了原建之初苦橘庭院和部分磚造尖塔。來前最想看古巴紅褐花梨木底座七千束管風琴、摩爾文化尖塔及哥雅「聖徒 Justa 和 Rufina」畫作。真是文化有隔，不知登高塔樓是斜坡道，

1

2

3

1. 西班牙王宮景貌。
2.&3. 午後的西班牙廣場及長廊佛朗明哥舞者。

4.& 5. 西班牙王宮，《冰與火之歌》日戟城流水花園現場。

6. 佛朗明哥舞文化中心小劇場，票不劃位，早到早坐。

怎麼都走不完的差點手腳並用爬三十七層到頂，步道窄，停腳歇息得退到壁突偵察台，據稱這種坡道設計方便斥候騎馬上下通報戰情，塔頂是制高點，全景式視野，除了紅瓦還是紅瓦，其實不明白自己看到了什麼，亦無獵奇感，西維爾畢竟是古城，典麗豔絕，她的美就是去現代。教堂巡梭，最大意外是哥倫布陵墓，四尊象徵王朝四個行政區的高大人形雕塑一手執長杖一手扶棺，全西班牙為哥倫布送喪。大理石雕堅毅溫潤，青銅鑄造剛健身軀，或仰望或低頭，真混搭經典。

大教堂出來離晚上欣賞佛朗明哥舞還早，先回公寓喘口氣，挺喜歡這樣的節奏，不像遊客。陽光明火炙燒，整個夏季西維爾小城如天然三溫暖烤箱，奇怪不少白人露天人行道用餐喝酒，看書報配餐，偶爾輕聲交談，同樣無人玩手機，裸露的棕紅皮膚像煮熟的蝦子。出台灣眾人手機都換了國際漫遊，我還停在3G按鍵時代，抬頭仰天，當空的衛星拿我拿這古城一點辦法也沒，我不知怎麼很樂。

光天化日六點前我們進了佛朗明哥舞文化中心劇場，票不劃位，早到早坐，小劇場，我們分坐二排，準六點，場燈暗明作開場，燈光亮，舞台上三名演者，一男一女主跳，舞台邊女歌者響亮婉轉充滿滄桑的嗓音如啼聲初唱，絕不熟極而流，雙手擊掌節拍，動作簡單卻像序列移動杯子要你猜骰子在哪個杯子裡的盯著那雙手目眩神迷，兩名舞者肢體有力不斷腳尖、腳跟踩踏節奏抑揚頓挫，重腔敘事聽不懂半個字，但肢體互動說的是男女聚合，甚至階級與背叛，女舞者各種流蘇披肩甩式，流晃效果竟似火焰幻影。演出的一個小時裡，座位就在舞台邊，近身觀賞，不知怎麼一時之間卻覺得距離好遙遠，清楚的意識到文化差異。好像有一點懂碧雲為什麼花了這多年工夫，她也說，每次離開再回來，又得退後重來。全程眾人幾乎屏息，從劇場出來，好半晌都沒醒過來的難言。

晚間七點，小城日遲，餐廳還沒開，眾人散步去瓜達幾維河邊，黃金塔開放到下午六點四十五分，剛剛好錯過了。岸邊沒餐廳，只有幾艘小型渡輪停泊，跨河橋梁線條古樸。西班牙大航海時代始自哥倫布，瓜達幾維河是啟程之河。想走聖雅各朝聖之路（El Camino de Santiago）也許可以從這裡開始。說來在小城行走一直搜尋朝聖之路貝殼標誌。雅各是以色列北部加利利漁夫，耶穌行經海邊，看見雅各令他跟隨，雅各成為神揀選的十二使徒之一，耶穌受難升天，雅各繼續傳道，西元四十四年在耶路撒冷被希律王刺死殉道，是第一位殉道的使徒。雅各死後遺體下落不明，直到西元八一四年，一位修士經星星指引找到五千六百公里之外雅各遺骸存放的聖地牙哥康波斯特拉古城（Santiago de Compostela），因為雅各，康波斯特拉和羅馬、耶路撒冷並列基督教三大聖城。千年來世人不斷親往雅各之墓朝聖，逐漸發展出別具意義非教徒也紛紛走上的持朝聖護照沿路集章之路。因雅各是漁夫，各種造型的聖雅各貝或標於路途成為精神指引，旅者以此識別，路上遇見彼此打氣。西語 Buen Camino，葡語 Bom Caminho，朝聖之路愉快！

朝聖之路日後擴及整個歐洲，可遠從耶路撒冷開始，不管從哪裡出發，終點皆指向康波斯特拉。公認知名的朝聖路線有三條。一，法國之路（Camino Francés），總長八百公里，由法國南部鄰北西班牙邊界小城聖讓皮耶德波爾（Saint Jean Pied de Port）出發，是目前最熱門的路線；二，北方之路（Camino Norte），總長八百五十公里，從法國西南部 Irun 或 Hendaya 出發沿西班牙北海岸前行；三，銀之路（De la Plata），總長一千公里，由西維爾出發。

葡萄牙也有朝聖之路，一般從里斯本出發，多數朝聖者會從 Porto 開始（夢幻行程啊！萊羅書店所在！），全長二百四十五公里。

還有一條朝聖之路的延長賽——世界盡頭之路（Camino Finisterre），由康波斯特拉到菲斯特雷角（Finisterre），海角藍底銀貝標誌勒石 0.00Km，朝聖之路終點及起點。西班牙文 Finisterre 源自拉丁文 Finis terrae，意思是，大地的盡頭，這條路一百四十一公里。也想試試。

從西維爾或者 Porto 出發，日行二十公里西維爾里得走一個月，Porto 八天，就這條了，原來樵五歲時就定下了，所以我和樵相約，他上大學那個暑假，我們走一趟朝聖之路，他說好，真的要練體力了。

西班牙詩人安東尼歐・馬洽多 Antonio Machado 寫給朝聖行者的詩：

Caminante, no hay camino, 行者，無其他的路
se hace camino al andar. 路，一步步走出來
Al andar se hace camino. 一步步走出自己的路。

瓜達幾維河邊轉了一圈可吃晚餐了，大王宮、大教堂、佛朗明哥舞重表演，今天真累了，懶得想餐廳，再去 El Rinconcillo，熟門熟路點了菜，九人，一四一・九五 €，台幣五千，這樣的一星價，感覺像到了外星或中了彩券，學生們喝啤酒，我喝水，唉！九點多步出巷子，清藍天色裡傳出巨大喧聲和人跑動，我們快步出巷子，緩緩掠過喧鬧難以置信的繽紛隊伍，是同志花車遊行，文青們驚呼向隊伍奔跑去，長列車隊上滿滿人形彩虹旗，歡樂地向河邊方向移

動，沒有悲情沒有口號，車上車下隨音樂雀躍扭動打手語，我們跟著搖擺揮手，忘我入戲，數名男同志示意要車下的我們上車，覺察我們原地不跟，便微笑飛吻道別，流動的情慾，引發了一條街的沸騰，居然就這麼見識了西人同志族群，簡直像豔遇，文青內心騷亂，說，是一夜情啦！（共時性，曲楠這會兒帶了大院一塊長大的女友王萍出發，蘇黎士轉機往里斯本，好巧的跟我們杜拜一樣有十小時空檔，兩人蘇黎士半日遊，奧古斯丁教堂、情鎖橋遊晃，街上遇到了遊行，不過是勞工隊伍，不是我們同志彩虹上陣。）

遊行隊伍慢慢遠去，嘿，只剩我和樵、娟姐。天還沒黑呢！文青們卻全跟著吉普賽人走了，激情後的街道滿是垃圾，這時，見識到了政府對同志遊行的習以為常，太空懸浮車造型掃街車左右前後移動自如吸塵灑水還能壓扁回收罐裝啤酒，樵路邊盯著：「好酷！」他想做這工作。現代性，畢竟也烙印進西維爾時間層。

1. & 2. 西維爾巧遇同志遊行，歡樂移動的人型彩虹旗，沒有悲情沒有口號。

3

4

5

6

3. & 4. 彩虹遊行隊伍經過都市陽傘。
5. 遊行隊伍裡，變裝同志插旗。
6. 遊行結束後，和同志們同路回家。

六月二十四日，西維爾第三天，仍自由活動，倒是中午共餐終於進了樓下Entrevarales，裡頭掛足各種姿態耶穌畫、雕像，畫框一律鍍金，極珍寶。耶穌的臉容削瘦愁苦大鬍子充滿現代感，不知怎麼看起來像不白不黑摩爾人。大航海時代西班牙船隊從瓜達幾維河運來大批黃金、白銀，經西維爾轉運各地，十三世紀初穆瓦希德王朝打造十二等邊形的黃金塔於河畔最有想像空間。

按圖點菜，各種炸物、馬鈴薯蛋沙拉（終於）、配搭火腿、沾醬Picos Camperos餅乾條，（墨綠版書寫Venao En Salsa維諾醬）、還有奇怪的番茄對半切片淋蜂蜜起司粉。飲料配水果酒Tinto de verano夏日紅酒，二．一€，紅酒加上微甜的檸檬碳酸飲料。我喝溫開水，西人好像不太喝水，每次給二百CC小杯，每天覺得口渴，還好我們有廚房，燒開水泡茶。

用完餐，文青們跑場，先都市陽傘再西班牙廣場。世代記憶不同，他們的西維爾是《冰與火之歌》王宮，我的是《星際大戰》那卜星基地西班牙廣場，那卜星佩咪女王與天行者安納金祕戀迴廊緩行西班牙廣場，當時還真以為專為異星球搭景。喬治・盧卡斯《星際大戰》系列由上個世紀七〇年代到二〇一九年十二月上映的《星際大戰九部曲：天行者的崛起》，整整四十二年，我其實非《星》迷，但「很久以前，在一個遙遠的銀河系……A long time ago in a galaxy far, far away...」展開敘事，古典文科幻，仍是最難忘的電影片頭之一。好想知道，作為全球最賣座影片之一，即使不是《星》迷的新人類，走迴廊，會不會生出「原來你在這裡」的古典之情？

從沒如此「這麼好認路」的城市經驗，當散步般回放碧雲家、髮廊、文創咖啡館路線，先找到阿爾貝女公爵故居，過修道院，才想起自碧雲離開，就不怎麼聽見教堂鐘聲。沒了鐘聲，這會兒，轉來轉去怎麼也找不到碧雲家、咖啡館。

（西維爾歸來一段時間，有天對資婷說，退休後想搬去西維爾，但不告訴黃碧雲，住她附近，吃她去的餐廳、學她的佛朗明哥舞，循著她的生活路線走進她畫的畫面……同一個城生活，但見面呢，在他方。明明是現世，但笑著敘述像虛構小說。文青提醒，這不是你小說《沉默之島》嗎？是啊，女主角晨勉去到男友丹尼德國小城，租住他家對面不告訴他，停留期間學他的母語、逛他的學校、坐他愛的咖啡館及Pub，暗中日日觀察他。多年後晨勉世上唯一的血親妹妹晨安英國自殺身亡，晨勉處理完後事，帶著晨安骨灰到德國見丹尼，就那麼「言語道斷，心行處滅」托出曾到此一遊往事，丹尼：「我一直在等你來這裡，你來了，待那麼久，暗中視察我，不覺得很浪費嗎？……多麼殘忍。」晨勉：「的確不可原諒。……你是我這一生中最接近我生命的男人，謝謝你。」她找到千里而來和他分手的理由。）

六月二十五日上午十一點，兩公寓分頭出發往機場，下午三點十五分葡萄牙航空飛里斯本，意外的早到了，機場不大，Indigo藍琉璃瓦屋頂，大廳藍白拱頂拱門交錯，看多了現代大機場，特別覺得西維爾機場小得宜然。所謂「小必有之，大亦宜然」，應該這樣。check in、行李託運可能碰到的障礙，一件也沒有發生，西維爾機場候機室店家不多，超市和餐廳很棒，各種伊比利火腿、熟食、飲料，以為到里斯本還有伊比利火腿，就收斂起戀物慾。真的不一樣。

一小時時差，我們下午三點二十五分到里斯本。就因為里斯本座落歐洲大陸的盡頭，飛機近乎特技表演一個迴旋由大西洋近九十度轉進太加斯河（Tejo）出海口盤入里斯本上空，十餘分鐘，陸地瞻之在左忽而在右，海河交界大片深淺藍、白浪花撲打崖岸、黃土山丘、紅瓦屋頂……結合得層次複雜完美，很難想像如果只建城於山丘之上而無河、海灣無紅屋瓦，是何種畫面。ATR 72型機身輕盈下降，跑道滑行時感覺與山丘平行，從沒一刻這麼喜歡雙螺旋槳飛機。隨著艙體落升，對這城市竟浮起某種鄉愁似的渴望，是里斯本作家佩索亞的短文：

黃昏降臨的融融暮色裡，我立於四樓的窗前，眺望無限遠方，等待星星的綻放。我的夢境裡便漸漸升起長旅的韻律，這種長旅指向我還不知道的國家，或者指向純屬虛構和不可能存在的國家。

太加斯河道蜿蜒曲折一路向西穿越里斯本將這個城市切分南北，里斯本山丘起伏市區依太加斯河床而建，腳下高低，一抬眼所有路的盡頭都指向海河，太加斯河像里斯本的咽喉，造就了葡萄牙大航海時代盛世，偉大的城市、偉大的河，佩索亞：「我熱愛太加斯河，因為偉大的城市坐落在它的岸邊。」

里斯本機場真大，但從西維爾機場出發即感覺文青們俄頃收了心，實打實直面論文場了，於是，行經他們每逛不膩商店街，正眼不瞧快步出了機場，里斯本竺怡負責，買了地鐵儲值一日卡六．二€，先去公寓 Check in。也許文化教養，遇見的巴塞隆納、西維爾公寓主較矜持有距離，里斯本還加上複雜，LxRoller 辦入住登記取鑰匙和住宿公寓分兩地，還不同地鐵線。（這會兒曲楠他們早我們一步到 LxRoller，進不了樓，運氣好些，寓主派人給送鑰匙。後來知道，曲楠倆正在隔一站英格列斯 El Corte Inglés 百貨中心挑選明信片喝紅酒吃午飯嚐蛋撻，等待我們入住會合。他們說，百貨公司反覆播放華語導覽購物。）

機場紅線先到 Alameda 站，大夥兒不出站，竺怡和淑萍去取鑰匙，約二十分鐘步程，該到了，淑萍傳來訊息，以為完事，不，得刷訂房時留的那張卡付款，真傻眼，一路不時收到提醒房價規則，卻不直接扣款？怕我迷路，云飛陪著，這才有感歐洲步調真的不一樣，我們回到信差時代。（這是寫下這段城市訂房記的理由。唯忘了問，曲楠怎麼付的房款？）由 Alameda 站地下道鑽出，開闊天際線，高低起伏大小方塊、不規則鵝卵石街道，石縫中甚至冒小草、泥土，為了這樣的路面，我可以天天走。往上又走了會兒，忽然醒悟為什麼朝聖之路行家不太建議由里斯本出發，建議略過里斯本，直接從 Porto 走，因為里斯本到 Porto 一路是鵝卵石步道，足踝不僅容易扭傷，還會磨出水泡。

Alameda 站的 LxRoller 旅店主要針對年輕背包客層，深、淺綠色外牆接待處（又是）年輕文青氣質工作人員慢條斯理閉門，帶我們走隔壁長條敞門客房群（迎上一雙凝重棕眼），房間格局有通鋪有單間，一致深、淺綠色，下海軍藍樓梯到松石綠小院辦公室，院裡有棵枇杷樹，男子給了一張表格填列，刷了卡簽了名交鑰匙，手續告成，再經客房，之前開著的門闔上了，大量藍與綠，我感覺頭昏。重回 Alameda 站，月台眾人看起來比我們累，等待最折磨人，大夥迅速移動轉黃線到 LxRoller 所在的 Entre Campos 站，公寓鄰出站口，座落 Rotunda Entrecampos 圓環邊，圓環為伊比利半島戰役（Peninsular War, 1808-1814）紀念碑。公寓對角有超市、藥局，未來六天眾文青邊玩邊備戰，只第二天同遊，預先計畫好的行程幾乎散架，不出門時，早晚一聲吆喝偕伴逛超市補充糧草，每人去必帶回各式感冒藥喉糖口香糖、乾濕紙巾給我。至此，我對是否過敏已經完全沒一點主意了。

LxRoller「藏」身靜美黃褐牆面既現代主義又巴洛克風格五層樓老建築裡，挑高門廳古典拉門電梯，文青團一見頻驚呼：「太潮了！」五歲小孩搶著試拉門捺開關，公寓挑高藍色系，五個房間、三間浴室、設備齊全大廚房餐桌、起居室，充滿對旅客的善美。房間甚至太好了有書桌。忘了翻山越嶺刷卡取鑰匙的不解。

共五間房，我們占四間。房間沒冷氣，大木窗對開，試著打開，明媚的陽光和風像有靈魂似入室，尤其下午。里斯本典型地中海氣候早晚溫差大，高海拔，風大陽光充足，六月平均二十三度，十分怡人。也才明白為什麼標榜Premium Guesthouse高級公寓。我決定饒了娟姐改折磨宜欣、京珮，和她倆住，三人房居然有更衣間。房間分配、行李安置妥，即出門去里斯本大學熟悉研討會場及動線，（文青行程備註欄一行紅標：複習論文）近七點，天際線藍光澄淨，里斯本緯度38°42'，成大所在的台南23°比里斯本低，這是為什麼里斯本白晝較長，里斯本西側海洋無遮擋物，台南也是。而這一天里斯本日落時間二十一點五分。

Entre Campos站到里斯本大學所在大學城站僅一站，找到藝術與人文學院議場，不類台灣研討會早早布置起來的無動靜，云飛見一戴巴拿馬草帽紳士男步下學院階梯等車，又見輕鬆自信學者走來，彷彿看見日後追求的形象，急著收入相簿，上前請問學者可以合照嗎？

文青團一下子記起此行目的。

曲楠這時已返公寓，等我們回去。拉門電梯真的很像復刻版玩具，也像玩具一樣動不動故障，進到公寓玄關，曲楠從房間迎出來，還像三年多前離別時那樣俊逸，同學裡他只跟云飛、資婷同窗過，曲楠小記見面那刻：

偉貞師重感冒，失聲，擁抱她，想起張愛玲說，耳邊像星球擦身而過。王萍見偉貞師與大家，老師對我說：「你找回了她。」

用了張愛玲自傳體《小團圓》的典，小說女主角九莉（張愛玲），燕山（桑弧）是「找補了的初戀」，一日胡蘭成的之雍過境上海訪九莉，正好燕山來電，九莉一聽燕山聲音，「頓時耳邊轟隆轟隆，像兩簇星球擦身而過的洪大的嘈音。她的兩個世界要相撞了。」

現在，我們同步了。（悅閱明天到，帶了川貝枇杷膏及各種感冒藥）

六月二十六日為會前會，正式會議二十七日早上九點開幕，我團議程，大會善意集中於六月二十九日。會場展售與會作家英譯小說，限五本，收售價三十%服務費，我帶了《沉默之島》英譯本《*Island of Silence*》。

天終於暗了，我們出門吃晚餐，不熟餐廳，蜇回記得的出 Alameda 站有不少餐廳，A Marisqueira do Lis 地中海料理餐廳沒位子，原本經過刻意避開的港式皇上皇海鮮樓當下也決定吃了，（云飛說溫州人正在占領歐洲，在巴塞隆納曾無意中進了間地中海餐廳，結果菜單有中文，櫃檯邊兩小孩正在吃炒飯，品相糟，我們相視一望，出了餐廳，主要中式炒飯沒炒好，能做好異國料理？）人家客滿，星期一吔！大家兵乏馬困，就近決定轉角印度咖哩店 Rei Da India，我們十一人大軍壓境，擠滿店內暴動似的，最後讓我們席地坐地下室矮桌，想起杜拜才吃的咖哩，原就不懂印度咖哩菜系，這還是里斯本的印度菜，海鮮雞羊牛皆來一樣，每道菜都配餅或飯，堆得滿坑滿谷各式咖哩。沒想此行倒吃了兩次咖哩。

1. 里斯本大學戴巴拿馬草帽紳士學者。
2. 云飛與里斯本大學學者。

踩到地雷這餐太不合脾胃！回公寓車上，讓淑萍代勞訂明晚全員團聚餐廳，行程表列了較大眾 Cervejaria Ramiro 地中海鮮餐廳及里斯本排名第七的 Cais ao Mar，淑萍訂了 Cais ao Mar。後來也才知道，Alameda 站往前走五分鐘，就是 Cervejaria Ramiro，他們家夜裡一點才打烊！失之交臂，遺不遺憾呢？等我們吃過 Cais ao Mar，心情更複雜了。好有一比，Cervejaria Ramiro 是海鮮界的鼎泰豐、是西維爾的 El Rinconcillo，Cais ao Mar 是西維爾的 Cuna 2-Baco。

晚上我占領了起居室沙發。未來五晚睡定這裡了。浴室出來一路經過微敞房間裡云飛、賫婷讓樵試念論文稿，好英語的曲楠一旁欣賞樵鴨子上架，竺怡房喉嚨痛熄燈休息了，淑萍餐廳看論文，京珮扭亮床頭燈專注理行李，宜欣書桌前幫大夥潤稿……葡萄牙人同樣晚睡晚吃，我們入鄉隨俗，而得多親近才能一道旅行過路上日子？

推開起居室木窗，四下暗靜，對角超市、藥房早上八點開晚上九點半打烊。午夜一點多，有人走過底樓鵝卵石步道，節奏近了又遠了。不若傳說中的里斯本多彩多姿夜生活，大弧度幽藍星空和晚風，又感覺很里斯本，圓環無名雕像鑲嵌在時間裡，被什麼困住了，像《里斯本之夜》、《里斯本的故事》般，我們亦過境情迷。

或者山丘阻隔了聲音，或者海河釋放了聲音，或者只因我們不在鬧區，總之聲音不見了，彷彿只有我們這幢這層房間在呼吸。

里斯本怎麼可能沒有聲音？溫德斯《里斯本的故事》裡，電影錄音師菲利普接到在里斯本拍片的導演好友弗里明信片求助，（文青喜歡明信片，原來溫德斯也是。收到歷年來學生們明信片集滿四十公升瓦楞紙箱，還在繼續增加。）菲利普到了里斯本，弗里卻未留隻字片語失聯，光留下一部拍攝里斯本毛片，菲利普等待弗里現身期間被困住了，鏡頭不時帶到無論菲利普還是弗里他們的佩索亞床頭書，到里斯本必須穿過佩索亞時空，一種將日常生活提升為極具個人化藝術哲學的詩意創作，即凡而聖。菲利普開始穿街走巷踏遍角落收錄里斯本生活發生的奔跑、電車渡輪、讀書、鴿群飛翔振翅、法朵（Fado）聲。佩索亞時空。

溫德斯讓世人聽見里斯本，溫德斯願為拍攝紀錄片而去里斯本：

但是當我在里斯本待了一些日子後心想：為什麼不讓它變成一部劇情片，

內容就從一個電影人想在這座城市完成一部原始的紀錄片而衍生出各種意外呢？方向改變了，我邊拍邊寫，最後完成了這部《里斯本的故事》。

佩索亞對聲音的詮釋是多義的：

我如此渴望像聲音一樣依物而活。

這些聲音是多麼現代，往深裡說，也是多麼古老。它們如此隱祕，與萬物閃耀的意義之光是如此的迥然相異。

佩索亞不移動。幼時隨母親、繼父移居南非，十八歲回到里斯本就不再離開，無論寫《惶然錄》的道拉多雷斯大街，或是晚期住的即今之佩索亞故居，或者常去的加雷特街巴西人咖啡館，都在老城區：

我看得非常清楚，閃亮中湧現出來的事物完全是由道拉多雷斯大街上卑微、渙散、被忽略、人為做作的東西所組成，它們構成了我整個生活……

因為夜咳，我整晚醒著看這城市，像雷馬克《里斯本之夜》裡的舒華滋，一路被納粹祕密警察喬格追殺反殺了喬格，開了喬格的車偽造喬格的護照逃亡到里斯本，賣掉私藏狄加（Degas）的畫換得兩張自己和妻子海倫去美國的船票，可見畫的價值非凡，但海倫啟航前夕不堪癌症痛苦自殺身亡，舒華滋獨留不去美國了，小說時間一九四二年，

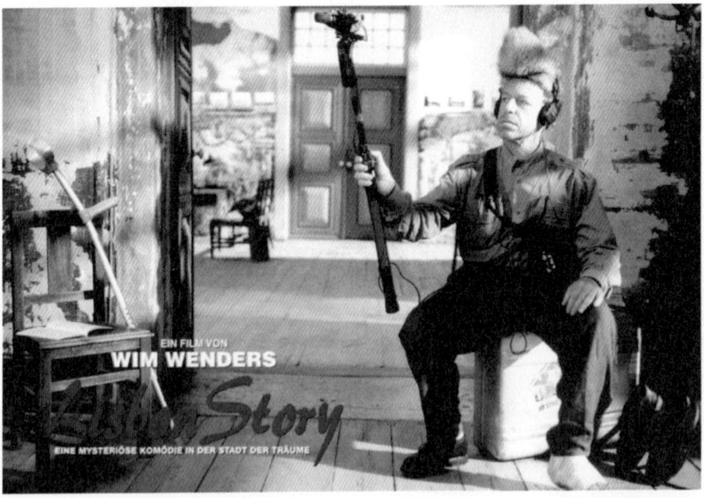

達志影像提供授權

晚班雅明之死兩年。小說開篇：

我眼盯盯凝望這條船，它停泊在太加斯河內，燈火煇煌燦爛。

舒華滋在碼頭邊漫無目的地晃，遇見了「我」，舒華滋上前搭話並亮票說自己不需要了，「我」可拿去，免費，只有一個條件：「今天晚上我不要孤孤單單一個人。」舒華滋需要有人陪伴度過里斯本最後一夜，「直到早上為止」，半信半疑「我」姑且一試，兩人搭車經商業廣場（我帶著《里斯本之夜》上路，希望能走一趟此路線）去消夜餐廳，下車，走在陡峭街道：

在升起的月亮下，聖喬治堡在夜色中高高出現在一側，月光瀉落在街梯上。

宵夜餐廳打烊後，天還沒亮，「我」走不掉，兩人再轉往夜總會，雷馬克形容依階梯起落的房屋，「像是彼此肩膀靠著肩膀地睡著了」，舒華滋述及和妻子的一生故事，一千零一夜，終於天亮了，他的故事也說完了，守約把身上多餘的錢、船票給了「我」，兩人對調護照，走進市聲囂雜的早晨：

外面就是那一艘客輪，白白的、靜靜的，泊在太加斯河上。

不離太加斯河岸，看來他們這晚，不在下城區就在阿爾法瑪區。

《里斯本之夜》咸認有著雷馬克的個人史，得多麼絕望才想出這樣的情節，他在里斯本等了多久船？那樣的亂世滄桑，雷馬克深識人性，小說中的「我」在大戰

魚罐頭牆，像極了安迪·沃荷的創作。

1. & 2. 女賊跳蚤市集水準品相參差，這天有一攤主打藍色系磁磚。
3. 從女賊跳蚤市集步行下山，撞見太加斯河。

後甚至尋去舒華滋德國老家奧斯納布律找恩人。雷馬克和溫德斯內爆里斯本，他們想什麼？那樣的內爆，法哲學家布希亞指是消除界限、地域差異的後現代性過程。後現代全球化、消費主義、權威的瓦解、知識商品化……現象，也許，我們正在經歷我們的里斯本內爆。

我所在的起居室天亮了，日出時間六點十三分，台灣五點五分。

今天六月二十六日，好巧的六月是佩索亞月，今天我們將見識整城佩索亞時空。（悅閱凌晨抵達，入住 Jupiter Lisboa Hotel 離我們公寓一站。）

我們出發往聞名的女賊跳蚤市集 Feira da Ladra，比想像遠，在藍線 Santa Apolónia 終站，市集在山頂國家先賢祠邊，出後站走之字形長段陡坡，炎炎酷日沿磁磚牆路兩邊大批攤位無遮蔽曝曬，物的日光浴。不似巴塞隆納主教座堂古骨市集，這裡比較是日常生活舊物，不知哪國哪朝代出土的陶壺、老書信、版畫、皮件、桌椅、中國製雨傘馬克杯衣物鞋子……，亮點是磁磚，零星大小不成數量，真不愧是磁磚王國，有一攤難得擺在樹下專營五公分見方老磁磚，當藝術品賣，釉色分明不暈染，鬥彩城景、山景、電車、花園、老屋、王宮、市區一角、碼頭……各種題材，人物黑白、單色藍，佩索亞，神啊！火鳥釉燒佩索亞，那張憂鬱臉容瘦削肢體造型，神祕耐看極了，蹲坐地上耐心挑了八塊，為了佩索亞，重新裝潢也值得。（隔年裝潢住家，真用上磁傳了，設計師費工切割鑲進里斯本小磁磚，這才發現一切都是畫上去不是燒出來的！難怪那麼多老磁磚！）

正午步行下山，站前餐廳吃早午餐，對吃遍早午餐店的台南文青，葡式早午餐居然出乎意外豐富多樣好吃，襯托了台南早午餐的美式台式。

和悅閱約在老城區世界最古老書店 Bertrand Livreiros 見，Baixa-Chiado 出站又碰上高坡石道，此區是人潮與商市之地，原來聲音在這裡。找到印第安藍普魯士藍磁磚外牆的 Bertrand Livreiros，再到對面 livraria sa da costa 舊書店廣場咖啡座人群裡找到了悅閱。（我碰巧坐在咖啡館裡，平靜地記錄下這些曲曲折折的思考。——佩索亞）據說此店書價不菲，廣場轉角即經典百年巴西人咖

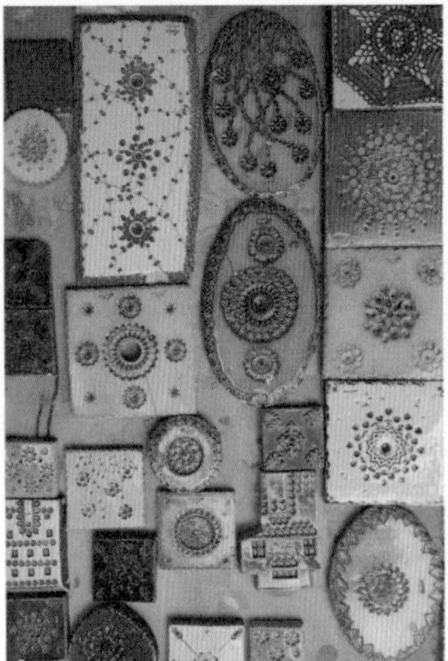

1. 聖若熱城堡，遠望里斯本。
2. 不愧磁磚王國，隨處可見磁磚藝術。
3. 美麗的鵝卵石圖案步道。

啡店，里斯本文學的起點，佩索亞生活路線要道：

我在這個咖啡館的露台上，戰戰兢兢地打量生活。我沒有看見什麼，僅僅看見喧鬧的人們在我這明亮的小小一角，專注於各自的事情。

作為一個耽於理想的人，也許我最偉大的靈感，真的再也無法突破這個咖啡館裡這張桌子邊這個椅子的束縛。

叮鈴叮鈴橘黃電車駛在里斯本彎道起伏的路面上。

里斯本將「這個咖啡館裡這張桌子邊這個椅子」形象化，店外佩索亞銅像坐姿永遠坐了下來，旁邊有空椅子，好讓來朝聖的（非）讀者和他合影。

三百年Bertrand窄長三進式，第一進，佩索亞專區，書架上是作家各種語文譯本，買了不需要懂語文的繪本十四．五€。Bertrand有幾米的繪本！其實是小書店，不懂葡萄牙文很難停留太久，我們合照後出了書店，今晚之後，準備研討會，基本不再集體行動了。

於是兵分三路，各自活動。樵回復青少年衣帽鞋褲年齡，百年書店附近名店雲集。樵媽只能陪著。

曲楠、王萍、京珮、云飛、淑萍、竺怡、宜欣走阿爾法瑪區聖胡斯塔升降機、主教座堂、聖若熱城堡（即雷馬克「在升起的月亮下，聖喬治堡」。）路線，登城堡古牆俯瞰太加斯河、里斯本彩磚紅瓦全景圖。一路磁磚店鋪、攤位，曲楠記載：「有設計感者略貴，挑選費力，但這大概是遊里斯本背一塊磚回去的意義。」

還進了里斯本必買沙丁魚、鮪魚、章魚……罐頭店，價格不低，京珮是好奇少女心，不會空手出店，曲楠、王萍務實地選了兩罐帶回北京，曲楠：「朋友來家時開罐待客。」這一代比我們節制。

我和悅閱、資婷去佩索亞故居。好玩的招來窄街發展出的仿高爾夫球電動車，上下石子坡路吃力地噗噗噗發出馬達聲效。三人面面相覷：是我們太重嗎？

故居依坡道而建，層樓面積不大，因地理高矮錯落，一樓是售票處並展售佩索亞周邊商品，二、三樓臥室、表演空間、圖書館、書房、佩索亞元素創意展……各有天地。一如佩索亞昇華日常生活瑣碎，展示館木櫃內揉亂的佩索亞手稿（不會是原稿吧？）最佩索亞語言。（佩索亞睡單人床喲！）

我們進到紀念圖書館，圖書館員問清我們來自哪裡，領帶我們去到中譯本區，無台灣譯本（隨身帶的《惶然錄》在公寓，不然一定送給佩索亞故居），

1. 世界最古老書店 Bertrand Liveris's，窄長三進式。
2. 佩索亞手稿。
3. 給佩索亞：詩人的詩人，作家的作家。

仰望佩索亞。

翻著簡體中文譯本，以及訪客留言薄僅有中文一則，覺得該寫什麼致意，一種同業的尊敬，但留言薄只餘最後底頁，我霸道寫滿：

給佩索亞：一九三五年十一月三十日你說：我不知明天將會如何。明天，以你料想不到的方式來到了。世人，以你為名—詩人的詩人，作家的作家。

台灣蘇偉貞 2018.6.26（門票時間：16：01）

出故居，沒車，悅閱時差不支想回旅館休息，我們面海順坡下行，佇十字路口雜貨店前左右張望計程車蹤影，久候不至，我走進店內，夾在市民間東瞧西看，選了無花果、櫻桃，（那個街角的雜貨店老闆，以人們萍水相逢的方式與我認識。——佩索亞）如此成蔭行道樹，我並不急著離開，但悅閱真累了，車不來，我們去找車，忽上坡忽下坡，（竟像《里斯本的故事》菲利普、《里斯本之夜》舒華滋），終於一座公園邊見到長排車待客。樵他們還在 Bertrand

附近逛，悅閱先送我們去會合，司機問容從哪裡來，中華民國，他知道台灣，有些悵然：「不久前澳門還是我們的。」是啊！

車體不斷轉彎忽快忽慢，終駛進書店商圈，人潮中豈不正是樵和翠娟，我和資婷就地下車，悅閱繼續往旅館。六月減價季，ZARA 年輕副牌唯一台北信義區 Pull & Bear 低調街頭風（Pull & Bear？拉與熊？官方從未說明品牌命名緣由）光上城區就兩家，樵在 Pull & Bear 掙扎，兩雙鞋不知該選哪雙，我選經典帆布復刻版，樵更喜歡銀黑高筒，兩雙都買吧！加白色帽T休閒服，六七．九六 €，里斯本物價比西維爾更便宜。不是樵我都不會進這類店，（還有 ZARA）說街頭風，Pull & Bear 其實麻棉印象。

餐廳訂的晚上八點，樵隊大包小包回 LxRoller 置物，云飛隊繼續逛，直接 Cais ao Mar 那裡見。

文青團和曲楠會合後，心緒交揉焦慮和亢奮，焦慮學術尊嚴、亢奮同台切磋，還有正推向旅程結束的意義，我們都很疑惑這樣不觀光客的獵影及千里重聚如何歸類？云飛熟，曲楠、王萍怎麼看待呢？他們會不會從一個早先被認為情盲的大陸環境生成比台灣同世代更懂得感情？

七點半 LxRoller 公寓組員出發，選擇七三六公車路面街遊，車沿 Av. República 大道西行，經占地二十六公頃愛德華七世公園，繞行龐巴爾侯爵廣場來到十線車道樹木成林自由大道，（原來大馬路在這裡！）人行道巧工鑲嵌彩繪磁磚，濃蔭後頭門面豪華名牌精品店群，被稱為葡萄牙的香榭麗舍大街，再直行到聖胡斯塔升降機所在 R.Aurea 大街，我們又回到老城區，才知道 Cais ao Mar 在太加斯河畔水路碼頭，順著河很容易就找到了，是囉！Cais ao Mar 中譯：海上碼頭。人多，被安排靠窗黃藍花磁磚牆角落，還是伊比利半島時態，晚上八點仍白晝，靠海，坐著坐著天空緩緩轉暗，想像太陽正沒於海平面，店門口露天桌椅這才排出。人馬到齊，這家餐廳全部男服務生，文青團男女孩完全失控，點指兵兵：「這個我可以！」我問：「女性平權主義怎麼說？」除了曲楠，眾答：「當然放在家裡啊！」笑臉大鬍子來點菜，分量大中小，建議點三五〇€大份，菜色由店家搭配。禁了五天酒，這樣好菜，近乎無恥我問文青團：「今天可以喝酒嗎？」平常我的酒伴云飛代表回答：「老師今晚就喝一點吧！」領了酒牌我點白酒，眾人氣泡水、啤酒熱鬧開喝，前菜伊比利火腿、烤法式蒜蓉麵包、起士暖場，（拒絕了橄欖！）突然聽到鈴聲，廚房傳出歡呼，海鮮是放在紋理美麗的厚木塊由兩服務生抬著上桌的，全場包括穿西裝站吧台領班、客人、服務生笑容燦爛鼓掌歡呼，是對菜的致敬，彷彿美人出場，賞心悅目

Cais ao Mar 十種以上螺貝蝦蟹盤，賞心悅目極了。

極了，十種以上各種螺貝蝦蟹錯落排序，蒜蝦、蟹膏外，全部原貌原味，哇！這什麼？藏身海岸峭壁石縫中珍稀佛手貝，笑臉大鬍子傳授吃法，眾人敞懷開吃，的確美味，吃著吃著，不得不承認，齁鹹。所以無沾醬。文青團還發現了里斯本的熱情及美型男，一個都不放過的一一合照，就領班和我桌楚漢分界靠吧檯微笑不動。埋單四四一．五€。我們十一人，平均每人一千四百台幣，太值得。還打包回公寓宵夜。

步出餐廳，太加斯河岸黑靜無聲，彷彿被消音。遊晃一日，都累了，決議直搭公車回去，站牌下候車，站久了就聽見濤聲以及風聲從海面吹上岸、著名的橘黃二十八號電車（Elétrico 28）叮鈴叮鈴聲。應該乘坐一趟二十八號電車，也許不了，聽說二十八號電車是扒手的主場。

抽離一日「佩索亞時空」，回到公寓，宣布明早八點半出門赴大會報到參加開幕式。公寓裡有了人，流動盥洗、點亮檯燈的書桌、走道討論論文的身影聲音，唯一非我們的房間未有旅客入住，眼前一派宿舍縮影。令人安心。

這天二十七日，開幕式舞台上看到了久違的 Dr. Lee，報到時好像遠遠見他大廳寒暄，真是國際研討會，報到處人龍溢到走廊，報完到已不見他人影。上次見是二〇一〇年八月十七日他到台南成大拜訪文學院，商討英語短篇小說研討會在成大舉辦的可能。不知道為什麼這麼多年他總記著邀我，即使我曾兩度失信臨時沒去研討會。（如果不是文青們，不知道會不會再失信？）記得二〇〇九年八八風災莫拉克侵台，Dr. Lee 看到颱風災情，即刻來信：「你和家人、朋友是否都好？十分關心，讓我知道你怎麼樣。」前一晚我輕判，想趕在颱風花蓮登陸前由台南開車回台北，經新營天象驟變，高速公路上瞬間狂雨路迷能見度不到一個車身，沿途不斷見拋錨、車禍事故，下不了交流道又不敢變換車道、停路肩，就這樣慢船駛到台北，見鬼了，台北居然無風無雨，這段路程突然變得像一個巨大的玩笑。（當然不久之後，證實不是玩笑了，高雄甲仙小林村滅村。）

因為激動，我回信居然如實說起高速公路經歷：

颱風夜，我開車大雨趕回台北，路上已顯象會有巨大災難，台南情況很不好，不過，我們會堅強。非常感謝你的關心。

他回信希望我以後別在颱風天開車。真是善體深具人性的學者。

還在咳，不好待在會場，託悅閔轉交送 Dr. Lee 台灣畫家劉高興的南方鳳凰樹版畫。

離開會場，云飛、曲楠、王萍去遊里斯本近郊辛特拉宮，葡萄牙皇室的避暑地，路遠，得花一天時間。資婷、竺怡、淑萍去貝倫塔順道排隊葡式蛋塔鼻祖 Pasteis de Belem 店，上個世紀九〇年代，台灣葡式蛋塔潮起潮落掀起蛋塔

葡式蛋塔鼻祖店 Pasteis de Belem 蛋塔擺盤。

效應，文青們還小、樵還沒出生，若趕上嚐過的話就會知道里斯本的蛋塔太甜。另一團樵和樵媽被樵爸交代去買沙丁魚罐頭。（千里迢迢買罐頭？台北超市就有啊！）宜欣仍守公寓為文青們潤稿，京珮溫習論文。

辛特拉宮還不算遠，曲楠他們更往西到了羅卡角：

> 相比歐洲王宮城堡，融合摩爾文化和哥德風辛特拉顯得樸素。……坐大巴往羅卡角（Cabo da Roca），羅卡角座落歐亞大陸極西，豎葡萄牙特有貓灰石花崗岩石碑於面大西洋，石碑上立十字架，勒寫葡萄牙偉大詩人卡蒙斯史詩鉅著《盧濟塔尼亞人之歌》中的詩句：陸止於此，海始於斯。

（傳說中卡蒙斯曾於一五五六年到澳門，一五五八年離開，《盧濟塔尼亞人之歌》部分章節寫於澳門一個石洞裡。）

伊比利大陸真多天涯海角。菲斯特雷角是一個，羅卡角亦是一個。

眼見大西洋，曲楠想起也帶著的《里斯本之夜》，他看到的是舒華滋妻子過逝後，大西洋成為「喪失全部遠走勇氣，永囚於此」象徵之地。

悅閱訂了下午半日城市遊，這天晚上八點她訂了O Faia餐廳請吃葡菜聽Fado。不好讓悅閱花費，我只叫上悅閱熟的云飛、資婷、樵、翠娟。《里斯本的故事》聲音敘事是從Fado展開的，佩索亞的詩若是《里斯本的故事》的內在靈魂，Fado就是它的話語。錄音師菲利普一夜正困坐屋內，突然聽見樓上複雜的天籟歌聲，他循音律找去，推門，眼前一鬼魅般樂團，他們夜裡來白天去，應導演弗里邀請為影片配樂，此即葡萄牙國寶聖母合唱團，天籟歌者為樂團靈魂人物Teresa。合唱團成立於一九八〇年代末，不那麼典型Fado風，結合了現代民謠，紅遍葡萄牙，卻是國外不太出名，直到溫德斯找上他們，他們的聲音敘事改變了溫德斯的里斯本印象，他重新編寫劇本，《里斯本的故事》則改變了聖母合唱團的命運。

菲利普循樂音找去情節，源出佩索亞〈樓上的琴聲〉：

我第一次來到里斯本，曾經聽到樓上飄來一個人在鋼琴上彈奏音階的聲音，是一個我沒有見到過的小姑娘在作單調的鋼琴練習。今天，通過一個我不能明瞭的內化過程，我居然發現如果我走進心靈的最深處，這些重複的音階仍然清晰可聞。……

就像我大腦裡的某個部分已經不聽指揮了，音階一直在彈奏，從下面向我飄來，從上面向我飄來，從我在里斯本的第一所房子裡向我飄來。

O Faia 也在上城區，五短階梯推木厚門進餐廳，花崗岩地板壁腳、葡萄牙黃牆面（黃色，無以名之，就葡萄牙黃吧！）、哥雅風吉他伴奏法朵 Fado 歌者畫作，還有十二弦葡萄牙吉他、六弦西班牙吉他吉他、O Faia 店史照片、古典布菜桌、燈塔吊燈……道具似的，像阿城擔任侯孝賢《海上花》藝術指導顧問，打造《海上花》高級妓院書寓形式，既要使用有用的小道具也要使用沒用的任何道具。他的解釋：「有用的東西是空間陳設，沒有用的東西是生活的痕跡。」的確，是道具感使得餐廳空間華麗豐富。

O Faia 的法朵唱者正統有名，據傳當紅的 Lenita Gentil、Anita Guerreiro、Ricardo Rodrigues 輪流在此駐唱。又是全部男性服務員。悅閱點了幾道前菜，炒肝濃郁綿實多層次印象最深刻，（悅閱愛吃炒肝，老友黃寶蓮還居香港時，有次我們去悅閱家，寶蓮炒了肝帶去，同樣印象深刻。）主菜章魚、紅酒梨鴨胸也美味，邊點邊吃加上上菜慢，九點 Fado 開始演唱，我們剛吃完前菜，之後兩個半鐘頭，二女二男四名歌者每十五分鐘一輪，出於對表演的尊重餐廳內所有動作停止，不點菜不出菜，甚至進食都顯得不敬，Fado 拉丁字源 Fatum，意思是「命運」，因此歌詞故事圍繞生死、愛情、海洋、戰爭、返鄉命運母題。歌者完全溶入的肢體聲音語言，即使不懂葡語也能體會，佩索亞的〈街頭歌手〉形容：

> 他正在遙遠的地方以最柔和的聲音唱著一支歌。樂曲使陌生的歌詞變得似

1

2

3

1. 這張 O Faia 餐廳合照有沒點哥雅風？
2. O Faia 烤章魚。
3. O Faia 店標。

乎熟悉起來。它聽起來像一曲為靈魂譜寫的 Fado，雖然它實際上與 Fado 毫無共同之處。

O Faia 的 Fado 初聽感情強烈刻意滄桑，不似 Teresa 聲音透明恬靜，O Faia 的重唱腔，比較接近遊吟，重複二個半小時，就覺得長了。不少比我們晚到客人，趁休唱空檔結帳離開，我們桌沒能掌握節奏，十一點半演唱結束才走人。O Faia 低消每人五十 €。幸好沒整隊文青帶來。

二十八日整天待在公寓空氣流通日照充足起居室，不知是悅閱的川貝枇杷膏生效還是過敏或者感冒循環週期過了，症狀趨緩。想想，起居室也許是我最該待著的地方。這晚快十二點，樵餓了，超市打烊，我倆決定出去找吃的，圓環周邊可喝酒的館子慢了一步正相繼收店，這幾天都往遠的市區跑，原來近處也有不錯的餐廳，這時忽然起風飄起了小雨，空氣微涼，進了間營業到十二點的糕餅店 Cinderela 燈火通明，家庭餐廳似的男女老幼在座，都說里斯本扒手多，但夜生活感覺卻很安全，沒可買的，我們空手回公寓。難得的祖孫夜遊，也許不算空手。

是這幾天的慣常畫面，每間房間燈亮著，云飛正在曲楠房間修改明天發表的論文，見到我，曲楠說和王萍今天去了佩索亞故居，去找留言，已換上全新留言簿。他們看了佩索亞中學成績單，法語與拉丁文分數最高。故居文物店買了明信片寄給不在場友人，（在我收藏的明信片中，有幾張寫了字的那面比圖像更深刻地攫住我的記憶。——班雅明）其中一張，引了佩索亞〈阿童尼花園裡的玫瑰〉句子：

讓我們把一生當作一天，……我們活過的剎那，前後皆黑夜。

二十九日大戲上場。文青團兩組分上、下午發表，我的英文小說由宜欣代朗讀（就略過不說了）。上午組九點半至十一點「台灣文學史與本質」主題，三位發表人黃資婷〈論童偉格小說中的日常生活與創傷〉；李云飛〈離散與終結：論蔣曉雲《桃花井》〉；岳宜欣〈穿越故事的離散與失落：論蘇偉貞〈老爸關雲長〉〉。交代他們穿著正式，一道出門陪他們到現場，早場人不會多，更該陪著，唯場內還是咳，待在外頭庭院沒走遠等他們，抬望里斯本天空。

結束後大家才放心調侃，資婷一貫緊張，偏好調度艱難理論華麗文字花式PowerPoint還聲音高八度：「講死你！」偏巧她上陣，麥克風PowerPoint雙失靈，（這個倒楣鬼磁場啊！）真引起了主持人德國斯圖加特大學Renate Brosch教授的注意，讓她臨場「口述」，資婷：「我差點拉門逃跑出去！」

因有德國二戰離散背景，Brosch特別提問小說對於歷史的敘述與當下讀者之間的關係，當然對眷村書寫甚至眷村族群認知陌生，但離散族群、回望歷史議題，普世共有。有位新加坡國立大學學者有台灣交換經歷，對眷村書寫較熟，激發不少討論。就這樣，行前玩笑說有人提問就打太極拳實問虛答，「你知道、問題很有趣、讓我思考一下、謝謝你的意見、我們email聯絡……」通通沒用上。結束後，師徒搭公車去里斯本連鎖 Catarina Portas 路邊飲料亭吃早午餐，一場過關。

第二場下午五點半到七點，四篇論文發表，季竺怡〈女人想要什麼：歐陽子女性角色心理初探〉；傅淑萍〈台灣女同性戀主體性與色情慾書寫：邱妙津短篇小說的敘事策略〉；李京珮〈林海音女性小說中的歷史書寫〉；曲楠〈華麗的世紀末：朱天文小說中的隱喻〉。主持人 Teresa Alves 里斯本大學名譽教授，重量級文化學者，強調對台灣女性文學所知有限，但對林海音小說很感興趣，也有學者表示看侯孝賢電影知道朱天文，想進一步聽聽朱天文小說特質，曲楠回應說起寫論文心境：為報告重讀朱天文《炎夏之都》，極其安定歡喜。

論文場結束了。晚餐帶上悅閱，去自由大道 Casa do Alentejo 阿連特若之家，居然無意中闖進了一個「觀光景

阿連特若之家，十七世紀摩爾式建築，骨董級葡萄牙式磁磚樓梯、牆飾，偌大拱門圍繞中庭。

點」，十七世紀後期摩爾式建築，數十級大理石長階拾梯而上，首先見到噴泉棕櫚樹拱門中庭，偌大建築體圍繞中庭，保留了摩爾文化中北非阿拉伯式宮殿風格，穿過二樓長廊兩側大小廳間，華麗貴氣的紫檀家具、壁畫、骨董葡萄牙式磁磚、大型水晶吊燈，有用的、沒用的道具，餐廳擺設就像活宮殿史。

成群結伴走到這裡，分明帶著我喜歡的華麗的知識追求畫面成色：「暮春者，春服既成，冠者五、六人，童子六、七人，浴乎沂，風乎舞雩，詠而歸。」台灣文青不說，云飛、曲楠到成大，二十三歲，還像個大男孩，現在，長出自己的型。這天曲楠凌晨班機，趕回去就面臨開題口試，「台南見！」我們又一次舉杯道別，文青的口頭禪「你知道的」，你知道的，曲楠中文所，用詞可村可雅：

想起三年前臨別台灣，偉貞師帶諸小友喝酒餞行，談到與好友喝酒喝了一輩子，講不到幾句話。此時推杯換盞也是沉默。酒後即離別，除了沉默，喪失一切語言和思考的能力。

步下阿連特若之家長階已十一點，出到巷口小廣場，文青們立在夜色裡遲遲未移動，彷彿一時之間不知何去何從，很不相干的大家想起忘了買伊比利火腿，還有最美書店Porto產區國寶酒，忽然，這時天空飄起了小雨，眾人仰臉迎接，似等待這場六月小雨許久。《里斯本之夜》裡舒華滋雨中開車亡命西班牙邊境雨乍停，他和海倫進入里斯本後，雷馬克未再寫雨，也沒寫舒華滋抵里斯本是何時，會是六月嗎？也許寫了，該再細讀。這樣的雨，佩索亞描述：我眼下不能聽出這雨聲是響在現在還是響在過去。

面向天空東南，明知尋找赤道最亮獵戶星座不可得，對此旅人星座，《銀翼殺手》人造人羅伊奇蹟般擁有如人類的真實記憶：

我所見過的事物，你們人類絕對無法置信，我目睹戰艦在獵戶座的邊緣起火燃燒，我看著C射線在唐豪瑟之門附近的黑暗中閃耀，所有這些時刻終將流逝在時光中，一如眼淚，消失在雨中。

我所見過的事物。獵影伊比利半島。

再待下去，恐怕就要習慣伊比利半島時區或佩索亞時空了。打起精神叫了現代化Uber各自返公寓。

雨中的里斯本，自由大道樹影在雨中看起來真像冬季的台北。

我想起什麼，問樵：捷現在不知如何？

樵凝望長黑遠方。沒有回答。

里斯本之夜。

雨中的里斯本。

INK PUBLISHING
文學叢書 622

云與樵

——獵影伊比利半島

作　　者　蘇偉貞
總 編 輯　初安民
責任編輯　宋敏菁
美術編輯　林麗華
圖片提供　蘇偉貞 黃資婷 李京珮 李云飛
　　　　　傅淑萍 劉翠娟 王　萍 曲　楠
校　　對　潘貞仁 蘇偉貞 宋敏菁

發 行 人　張書銘
出　　版　INK 印刻文學生活雜誌出版股份有限公司
　　　　　新北市中和區建一路 249 號 8 樓
　　　　　電話：02-22281626
　　　　　傳真：02-22281598
　　　　　e-mail：ink.book@msa.hinet.net
網　　址　舒讀網 http：//www.inksudu.com.tw

法律顧問　巨鼎博達法律事務所
　　　　　施竣中律師
總 代 理　成陽出版股份有限公司
　　　　　電話：03-3589000（代表號）
　　　　　傳真：03-3556521
郵政劃撥　19785090 印刻文學生活雜誌出版股份有限公司
印　　刷　海王印刷事業股份有限公司

港澳總經銷　泛華發行代理有限公司
地　　址　香港新界將軍澳工業邨駿昌街 7 號 2 樓
電　　話　(852) 2798 2220
傳　　真　(852) 3181 3973
網　　址　www.gccd.com.hk

出版日期　2020 年 4 月　初版
ISBN　978-986-387-334-1

定　價　260 元

國家圖書館出版品預行編目資料

云與樵 獵影伊比利半島／蘇偉貞 著；
-- 初版，-- 新北市中和區：INK 印刻文學，
2020.04 面；14.8 × 21 公分 .（文學叢書；622）
ISBN 978-986-387-334-1（平裝）
1. 遊記　2. 西班牙
746.19　109001750